读/史/思/廉/系/列/丛/书

廉法为官

左连璧 ◎ 著

辽宁人民出版社

© 左连璧　2024

图书在版编目（CIP）数据

廉洁为官 / 左连璧著 . — 沈阳：辽宁人民出版社，2024.1
（读史思廉系列丛书）
ISBN 978-7-205-10969-1

Ⅰ.①廉… Ⅱ.①左… Ⅲ.①廉政建设—中国—通俗读物 Ⅳ.① D630.9-49

中国国家版本馆 CIP 数据核字（2023）第 236706 号

出版发行：辽宁人民出版社
　　地址：沈阳市和平区十一纬路 25 号　邮编：110003
　　电话：024-23284191（发行部）　024-23284304（办公室）
　　http://www.lnpph.com.cn
印　　刷：河北朗祥印刷有限公司
幅面尺寸：145mm×210mm
印　　张：8
字　　数：160 千字
出版时间：2024 年 1 月第 1 版
印刷时间：2024 年 1 月第 1 次印刷
责任编辑：赵维宁
助理编辑：姚　远
封面设计：琥珀视觉
版式设计：一诺设计
责任校对：吴艳杰
书　　号：ISBN 978-7-205-10969-1
定　　价：32.00 元

序 言

2022年10月16日,习近平总书记在中国共产党第二十次全国代表大会上的报告中指出:"坚持党性党风党纪一起抓,从思想上固本培元,提高党性觉悟,增强拒腐防变能力,涵养富贵不能淫、贫贱不能移、威武不能屈的浩然正气。"这是习近平总书记再一次引用中国典籍中的古语,谈拒腐防变问题,教育我们的干部要廉洁从政、廉洁为官。

可以说,了解我国古代优秀廉政文化,可以给人以深刻启迪,从精神层面循循导入,培养崇德尚廉、崇廉拒腐的精神,在心底牢牢筑起一道反腐败的思想防线。秉承这一理念,笔者通过阅读多部典籍,剖析多个廉吏的心路与事迹,写出了多篇赞美清廉、鞭笞贪贿的文章,2018年9月、2021年2月,曾出版文集《读史思廉》与《历史的镜像》。几年来,这两部文集,尤其是《读史思廉》,受到许多单位和广大读者的好评,普遍认为书中的文章短小,易看好读,以史为鉴,读史明智,说古论今,启人思考,是开展廉政教育的很好的辅助读物。

现在笔者将近年来所写的文章重新整合,最终编辑成这套"读史思廉系列丛书",共有四部,分别是《廉洁为官》《清风传家》《直官断案》《公允判牍》,再次奉献给广大读者。希望以此能为弘扬古代优秀廉政文化,促进当代反腐倡廉建设添砖加瓦。

左连璧

2023 年 11 月

目 录

001　**序言**

001　舟漏而水入　土湿而苔生
004　下属的榜样
007　王罴撤宴与反对铺张浪费
010　勤于吏治　滋味典籍
012　常读古代廉吏的名言警句受益深
022　整治"四风"也要提倡官员相互监督
024　戒利远名为国忧
028　小议领导干部肩负的共同责任
031　把当官与发财掰开
037　百里相送与燃鞭相庆
040　为"介然独立"者点赞
044　四德为本　一生无求

047	位高责重者忧
050	称职的主政者要能使自身和下属都清廉
053	人贵自知
056	德高身正威自来
059	知足知止快乐多
063	"不识五侯门"赞
066	倚楼长歌旷达情
070	羞于自炫求进
074	以诗言志拒索贿
078	五不州官显操守
081	位高责重为国忧
087	要学韦睿哪些作风
091	决不掺和鸿都之事
094	一身正气威自生
098	李下无蹊
102	于成龙屡荐廉能吏
105	从《风里蝉赋》说开去
108	"不饰意气"赞
111	丝路养护者赞
114	至论不如清
117	为官须如镜
120	鹭鸶与"两面人"
124	去名者无忧
127	名节重于泰山

130	不可一毫妄取
133	"贪之至"赞
136	《东观汉记》记载的廉吏也很出彩
145	李沆不营私宅的启示
149	日夕师拜话张田
153	民众眼里的清官第一
156	"三不"刺史李幼廉
159	平实当中见性情
162	操守一贯是本色
166	分清官烛与私烛
169	细说戒石铭
172	清廉方为七分人
175	要敢打送礼行贿者
178	为官清廉贵在养成
181	去时还似来时贫
184	子罕的"折冲千里"与品德修养
188	要重视拒贿的好干部
191	"不敢纳贿"析
194	吴隐之敢饮贪泉
197	廉孟子妙语拒贿
200	不妨算个小九九
202	治县奇术
205	一心为民的王观
208	实招频出为百姓

212	清初三儒者谈为官之道
215	呵护百姓百分百
218	以"子惠黎元"为己任
221	"蜀中四相"皆廉洁
228	要有一颗时时为百姓考虑的心
231	为官不可一刻偷安
234	为官应务求着实
237	刘昆不搞顺杆爬
240	张咏助人不受谢
244	以德感人力无穷

舟漏而水入　土湿而苔生

"舟必漏也，而后水入焉；土必湿也，而后苔生焉。"此语出自明代刘基《郁离子·自讳自矜》。说的是，船一定是自身有了漏洞，然后水才会进来；土一定是本来就很湿润，然后苔藓才会长出来。

刘基，字伯温，元末明初军事家、政治家、文学家，明朝开国元勋。朱元璋多次称刘基为"吾之子房（汉代张良）也"。时人则将刘基比作诸葛亮，民间广泛流传着"三分天下诸葛亮，一统江山刘伯温"的说法。《明史·刘基传》载，元末方国珍作乱，刘基被任命为元帅府都事，前往平乱。但朝廷上下受方国珍贿赂，反而授予其官职，责怪刘基滥用权力，进而剥夺了刘基的兵权，"基遂弃官还青田（刘基故乡），著《郁离子》以见志"。

"郁离子"是刘伯温的托称：郁，有文采的样子；离，八卦之一，代表火。

《易经·说卦传》载，"离，为火，为日""离也者，明也"。即离卦为火，是光明的象征；"郁""离"二字合起来，就是文明的意思，寓意天下后世若用此书之言，必可成文明之治。《郁离子》的思想内容以道家为本兼容儒家，立意与行文变幻奇诡，颇得庄子精髓。《刘基传》载："所为文章，气昌而奇，与宋濂并为一代之宗。"即刘基的文章气势浩大而奇妙，与宋濂同为一代宗师。可以说，《郁离子》一书集中反映了刘基治国安民的主张。此书杀青后，他即出山离家，成为朱元璋的亲信谋士，最终协助朱元璋建立了大明王朝。

"舟漏而水入，土湿而苔生"道出了一个真理，那就是出了问题一定要从自身和内部来查找原因。类似的经典语言还有许多，如"肉腐出虫，鱼枯生蠹""物必先腐而后虫生之""外疾之害轻于秋毫，内疾之害重于泰山"，等等。毛泽东也早就教导说"事物发展的根本原因，不是在事物的外部而是在事物的内部，在于事物内部的矛盾性"。然而，却总是有人出现问题之后，不愿意从自身查找原因。

有些贪官因贪污受贿被送上法庭，还说是"人在江湖，身不由己"，用种种奇葩理由来为自己狡辩。比较典型的如："我出事，是有人整我""我之所以犯事，是因为社会风气不好""我不收钱，怕冷落了企业家，怕人家以后不再来投资""上面有旨意的，不收钱怕得罪了顶头上司"，等等。而对于自己在领导岗位上，不好好琢磨为国干事、为民造福，总是想着如何用权来为自己牟利，且捞多少都永不知足这个问题的症结所在，却缄默三分、闭口不谈。其实，上述奇葩理由是不值得一驳的。所谓"有人整你"，假如你没事，自身干净清白，还怕有人整吗？社会风气是有些不好之处，但总不会硬"催"着你去干这干那吧？相反，你收了企业家的钱，人家才心生厌恶，真的就不会再来投资了。上司也不会叫你去放手贪污受贿的，在这里也要相信领导和上级。奉劝至今仍有这些奇葩念头的人，党的十八大以后仍频频伸手不消停的人，不要再执迷不悟，不要再自欺欺人了。要好好悟一悟辩证法，弄清弄懂内外因的逻辑关系，加强学习，练好内功，立志执政为民，毕生廉洁为官，真正做到：将舟堵好再下水远航，把土风干断绝苔藓生路。

下属的榜样

明代镇守广西的主将山云,戍边十多年,廉洁清正,办事公道,赏罚严明,深受当地人民的拥戴。他手下的府吏郑牢,以劝主廉洁的义举被载入史册。郑牢的言行,足以告诫后人,部属就是应该这样当的。

《明史·山云传》载:"云谋勇深沉,而端洁不苟取,公赏罚,严号令,与士卒同甘苦。临机应变,战无不捷。广西镇帅初至,土官率馈献为故事。帅受之,即为所持。云始至,闻府吏郑牢刚直,召问曰:'馈可受乎?'牢曰:'洁衣被体,一污不可澣,将军新洁衣也。'云曰:'不受,彼且生疑,奈何?'牢曰:'黩货,法当死。将军不畏天子法,乃畏土夷乎?'云曰:'善。'尽却馈献,严驭之。由是土官畏服,调发无敢后者。云所至,询问里老,抚善良,察诬枉,土人皆爱之。"

山云有勇有谋,沉着冷静,而且品行端正廉洁,赏罚公正,号令严明,与士兵同甘共苦,随机应变,战无不胜。广西镇帅初到,按惯例当地土官都要馈赠财物。将领如果收下了,就会被他们所挟持。山云初到时,听说府吏郑牢刚直,便召他来问:"土官们的馈赠可以接受吗?"郑牢说:"干净的衣服穿在身上,一旦被污染就洗不掉。将军就如同新的干净衣服。"山云说:"如果不收下,土官们会生疑,怎么办?"郑牢说:"接受贿赂,依法当死。将军不怕天子之法,反倒怕当地土官吗?"山云说:"说得好。"于是将土官们的所有馈赠全部推辞掉,依规统御他们。因此土官们都很敬服,对于朝廷的调遣征发,没有人敢落后。山云所到之处,询问乡里父老,安抚贤良,察明冤情,当地人都很爱戴他。

应该说山云能始终廉洁为将,本来并非郑牢之功,还是其自身品德高尚所致,但郑牢也是好样的。在上司面前,郑牢没有顺情说好话,而是敢于直言,发表不同意见,并以一件新衣来作比喻,形象生动地说明接受馈赠就如同新衣染墨,污点是永远除不掉的。于上司面前,郑牢没有点到为止,还进一步与上司展开讨论,讲清楚什么是大什么是小。国法可畏,人情不足畏,低级庸俗甚至与法相悖的人情更不足畏。正是郑牢的大义之词,使初到此地的山云疑虑顿消,定力倍增,敢于突破以往主将形成的惯例,成就了一位廉吏的英名。郑牢则为后世立下了如何当好一名部属的标杆。

时至今日,上尊下卑的森严等级,在一些地方和单位,也还存在着,上级批评部属,正常得很,部属别说批评上级,就是提出不同意见,也往往被看作是不正常的,在实践中也很难实行。但一个好的部属,出于对党的忠诚,对事业的责任,也是为了对上级负责,真是要敢于对上级提出不同意见,甚至提出批评,不能一味顺情说好话唱赞歌,甚至是阿谀奉承。各地倒台的那些"大老虎",就是因为他们自己世界观改造不好，忘记了党的宗旨，甚至有的还专横跋扈霸道得很，阻塞了一切进言之道，但他们周围少有敢于直言其过的部属，恐怕也是一个原因。在有关新闻稿中常见这样的报道，某某人"在担任市、省、部委的领导职务期间，严重违反党的纪律，触犯国家法律，大肆贪污受贿"。这么长的时间，迁转了这么多职务，其间一直"严重违反党的纪律""触犯国家法律"，就没有哪个部属能看出他们的问题，敢于站出来，直言他们的毛病和缺点？！是的，他们肯定不是一开始就"严重违反党的纪律""触犯国家法律"的，一定会有一个逐渐蜕变的过程，这给他们的部属发现他们的问题和错误，带来了困难，但不可能一点蛛丝马迹也没暴露出来，大概还是"少说为佳，嘴巴闭得严实点好"成了某些官场的"主流习俗"。反正事实摆在那里，结果就是这个样子，他们最终闹到了头，走向了人民的反面。悲哀，实在是悲哀。时代呼唤敢于向上级陈述不同意见，善于批评上级，且能使上级接受批评并改正错误的部属。这样的部属越多，上级的日子就越好过，人民的事业就越发达，大众的幸福指数就越高。不是吗？当然这是从部属的视角来讲的，如果从领导干部自身的角度来看，先有山云后有郑牢，这也是铁律。只有领导干部喜欢爱提不同意见和批评自己的部属，并把这样的部属真诚地当作益友，这样的部属才会涌现。类似山云与郑牢般关系的上下级多了，领导干部定会少犯或不犯错误，更不至于走上犯罪之路了。那更是人民之福分。

王罴撤宴与反对铺张浪费

习近平总书记曾做出"厉行节约、反对浪费"的重要批示,要求"浪费之风务必狠刹"!人们形象地将这称为反对舌尖上的浪费。至于说到为什么,能摆出许多理由。我国确实富裕了,物资多了,粮食也多得吃不完,但尚有为数众多的困难群体和民众,有的民众刚刚解决了温饱问题,还远远没到可以忽略节约粮食的时候。何况,对于我们这样一个嘴巴众多的大国,粮食安全永远是个严肃的话题,一时一刻也松懈不得。在确保现有耕地不被侵占,确保粮食稳产高产的情况下,节约每一粒粮食,永远是国家战略,永远是每一个公民义不容辞的责任和义务。要珍惜和爱护粮食,不可糟蹋食物,要从细微处做起,从你我他做起,从一日三餐做起,自觉养成爱惜每一粒粮食、勤俭节约过日子的好习惯。

珍惜粮食,是中华民族的传统美德。若数起这方面的名言警句,可以说谁都会张口就来,唐代李绅的那首《悯农》:"锄禾日当午,汗滴禾下土。谁知盘中餐,粒粒皆辛苦。"每每吟诵这几句诗,农民劳作的辛苦,立马就会浮现在眼前,爱惜粮食之情便会油然而生。其实，还有一个爱惜粮食的历史典故。在年代上，比李绅写这首诗的年代更早，发生在南北朝年间；在内容上，也比李绅诗中所写的更全面，涉及"盘中餐"产生的全过程。因此，这个典故读起来也相当有滋味，这就是发生在南北朝时，官至骠骑大将军的王罴身上的事情。

据《周书·王罴传》记载："尝有台使，罴为其设食，使乃裂其薄饼缘。罴曰：'耕种收获，其功已深，舂爨造成，用力不少。乃尔选择，当是未饥。'命左右撤去之。使者愕然大惭。"这段话里的"舂爨"两字较为晦涩，"舂"是指捣去皮壳，"爨"是指烧火煮饭。有一次朝廷派来一位使者，王罴为他设下饭局，使者竟然把薄饼的边缘撕去扔在地上。王罴说："耕种收获，已经不易，去壳蒸煮，费力不少，你这样吃法，应该是不饿。"命令随从将饭菜撤走。使者大惊，十分惭愧。王罴的话语，说明"盘中餐"要经过耕种、收割、捣皮、蒸煮等四道工序，费力费时，十分不易，正所谓"粒粒皆辛苦""盘内一分钟，厨房更多功"，这已经足够说服人了。接着，王罴的行动更直截了当，叫人撤了使者的饭菜，竟不许人家再吃了。王罴的言语和行为，形成了一个反对舌尖上浪费的生猛故事。试想，那位使者恐怕一辈子也忘不了，在其人生经历中还曾经吃过这样一顿饭。王罴本是个悍将，号称"熊罴"。曾奉命镇守荆州城，东魏派兵夜袭，已有人偷偷登上城楼，王罴正在睡觉，听见外面乱哄哄的，便抄起一根大棒，披头散发，赤脚光身，大呼而出："老罴当道卧，貆子安得过。"东魏军士一看王罴凶神恶煞的样子，吓得连忙退到了城外，城池安然无恙。然而，如前所述，王罴又颇具细致入微之处。史书还记载:"又客与羁食瓜,客削瓜侵有稍厚,羁意嫌之。及瓜皮落地,乃引手就地,取而食之。客甚肤愧色。""每至享会,亲自称量酒肉,分给将士。"又一次,一位客人与王羁吃瓜,客人把瓜皮削得很厚,把瓜肉削去不少,王羁很讨厌这种做法。等到瓜皮落到地上,王羁从地上捡起来就吃。客人很惭愧。每次宴会,王羁都亲自称量酒肉,分给将士。估计王羁是怕吃不了浪费,才这样做。可以想象,在王羁辖区内,将士们谁还有胆量再浪费一粒粮食。

  看来,无论什么事情,只要领导重视,自身又做得很好,都是可以搞好的,反对舌尖上的浪费也不例外。大到一个地区、一个单位,领导要把厉行节约、反对浪费,认真地当作一项硬指标来办,而不是认为这是全国人民的事,一个地区、一个单位做好了没有多大用处,只是喊两嗓子,整景作秀,应付了事。领导自身还要做出样子来,当好排头兵。小到每一个家庭,父母也要为孩子当好表率,让孩子从小就养成爱惜粮食、勤俭节约的好习惯。这样,从每一个家庭、每一个单位做起,从每一个人做起,能不很快就见成效吗!同时,厉行节约、反对浪费,又是个长期的任务,大家时不时地都来想想王羁的故事,以鞭策和激励自己做得更好更自觉一点儿,为根治舌尖上的浪费,发挥正能量!

勤于吏治　滋味典籍

自中央提出转变作风的要求以来，历经地方"两会"、春节的检验，别的不说，刹"公款吃喝风"确实是卓有成效：大酒店、歌舞厅、洗浴场中，已很少能见到官员们的身影了。对此，广大民众拍手称快，官员们也高兴得很。早年那句"喝坏了党风喝坏了胃"的顺口溜，人们还记忆犹新，现在可好了，再不用因吃喝问题而左右犯难。只是大酒店生意淡了一些，不要紧，赶快转型，更新服务，向"私款吃喝"要效益。

这种好态势、好局面，可不能像以往那样，一阵风过去，又反弹回来，而且是又一轮更剧烈的"公款吃喝风"袭来。如果是那样的话，党和政府的公信度将会大打折扣，民众的怨气和不满会剧增。为此，要做的工作很多，从领导层面上讲，一是高度重视转变作风，刹住"公款吃喝风"，这关系到密切党群、干群关系，凝聚党心民心的重要工程，不能有丝毫的懈怠，要年年抓下去，决不能抓抓停停。二是采取"釜底抽薪"战术，卡死"公款吃喝"的经费来源，对这类开销不予核销，看你还凭什么去吃喝。三是年底考核要将刹"公款吃喝风"的情况当作一项政绩来了解和检查,表扬好的,批评差的,严厉处理过分的。

　　作为人民的公仆,脱离了吃喝玩乐场所,闲暇时间多了起来,也该好好地调整安排一下,培养点雅兴,看点历史典籍,丰富业余生活,何乐而不为。魏晋年间的杜预有句名言,"在官则勤于吏治,在家则滋味典籍"(引自清朝严可均《全晋文》卷四十三)。他一生"手不释卷",自称有"左传癖",用全部业余时间及卸任后的晚年时光,专心钻研经典,撰写了大部头的《春秋左氏经传集解》,是流传至今最早的《左传》注解本,被收入《十三经注疏》之中。当然,现在提倡读史,不一定人人都要著书立说。泱泱中华文明,各种历史文化典籍浩如烟海,翻一翻,读一读,不仅仅是其乐无穷,更能大长见识。其实,这也是党对各级干部的要求和希望。毛泽东就曾说过:读史,是智慧的事。要增加智慧,史书不可不读。习近平总书记于2011年9月1日,在中央党校就做过《领导干部要读点历史》的报告,要求领导干部不管处在哪个层次和岗位,都应该读点历史,从中汲取有益于加强修养、做好工作的智慧和营养。读史要能钻进去,要读出兴趣来,甚至也要像杜预那样钻研典籍成"癖",由领导要求学,变为自己愿意学。说实话,眼下干部躲酒局,可能有不少人还是出于怕上网被曝光抓典型的心态,如读史读得着了迷,占据、充实、丰富了业余时间,久而久之,干部们的心态就会发生变化,就会对"公款吃喝风"心生厌恶。这样就犹如沙漠变绿洲,沙尘飞扬的基础消失了,"公款吃喝风"还能再刮起来吗?答案是:不可能。

常读古代廉吏的名言警句受益深

粗翻典籍古书，发现历史上的廉洁官吏，都十分看重品性，始终坚守节操，遵行仁义礼智信的"五常之道"，恪守礼义廉耻这四项基本准则，安于清贫，少私寡欲，并具有强烈的知耻感，这是他们能廉洁为官的根本原因所在。廉吏们往往对金钱财产不太执着，能却赠拒贿，对子孙后代都有着自己的独到见解，且视角新颖，认识到位，言简意赅，让人读了就能记住，甚至一辈子也忘不了。诵读这些廉吏的名言警句，大致可以从中找出他们在官宦生涯坚守清廉的思想脉络来。当然，从大的方面说，无外乎文中开头提到的那些国粹精华，但也有一些沁人心脾的小道理和家常话，读起来还是很有味道的。把廉吏们的这些鲜活见解与中华传统文化伦理规范结合起来，加以思索，犹如我们今天经常说的"要大道理与小道理一起来讲"，定能更快地入心入脑。

一、"既然当官就不要再去干捞钱的勾当"

官商本是两条不相交的平行之道,为官者应追求的是两袖清风、服务民生;商人追求的则是生意兴隆、财源广进。当官与发财,理应分道扬镳。为官者既想做官又想发财,而且想通过做官来发大财,那就大错特错了。廉吏们都恪守"想当官就不要想发财"的戒律。央视综合频道热播的电视剧《大秦帝国之纵横》中秦相张仪屡屡连横重创六国的情节,给人留下深刻的印象,他就主张名利分开。

《史记·张仪传》载,张仪曰:"臣闻争名者于朝,争利者于市。"即张仪说,我听说,争功名的,应去朝廷;争实利的,应去市集。历史上有这种主张的廉吏还有公仪休等人。如《史记·循吏列传》载,春秋时期鲁国宰相公仪休说:"使食禄者不得与下民争利,受大者不得取小。"即当官享受俸禄的人不得再去干别的事情和老百姓争夺利益,得了大利的人不能指望再去得小利。

《史记·越王勾践世家》载,范蠡曾感叹:"在家为民能积起千金,在朝为官能位至卿相,作为一个平民,这已经达到顶点了。"又如《元史·刘斌传》载,刘斌作战勇敢,屡立功勋,多次受到提升,元宪宗时,升为济南新旧军万户。刘斌临死的时候对儿子刘思敬说:"居官当廉正自守,毋黩货以丧身败家。"即当官的人应该廉洁公正,严持操守,不要因为贪财而丧身败家。

二、"遗财不如遗德"

廉吏们对于自己身后给子孙们留些什么,颇有独到的见解,概括说就是"遗财不如遗德",无形胜过有形,软件重于硬件。最宝贵的是留下奋斗的精神、做人的本领,而不是多少财产。正所谓"留下千垛干柴,不如留下一把斧头"。可不像今天有些富豪和官员那样,就知道一个劲儿地给子孙们留钱留币子,弄得一些富二代、官二代深陷钱涡,不可自拔,以致胡作非为,不可救药。廉吏们在这方面的名言就太多了,例如:《后汉书·杨震传》载,杨震官至司徒,始终以"清白吏"为座右铭,人称"四知先生"。亲朋好友劝杨震为子孙置办些产业,他说:"让后世都称他们为清白吏的子孙,这样的遗产,难道不丰厚吗?"《汉书·疏广传》载,疏广不为家人和子孙积攒财富,他说:"贤而多财则损其志,愚而多财则益其过。家里本有旧田老宅,让子孙勤于耕作,应该能够供其衣食,过与普通人相同的生活。"《史记·萧相国世家》载:"何置田宅必居穷处,为家不治垣屋。曰:'后世贤,师吾俭;不贤,毋为势家所夺。'"即萧何购买田地房屋时,总是挑最穷困、最偏僻的地方,而且不修围墙。他说:"后代子孙们,如果是好的,那么他们就应该效法我的俭朴;如果他们不成器,也省得叫那些权势之家夺了去。"《汉书·韦贤传》载,韦贤于汉宣帝时官至大鸿胪、丞相,后因年老多病请求离职。史书记载,做丞相致仕,就是从韦贤开始的。其四子韦玄成也官至丞相。所以在韦贤的家乡邹地,流传着一句谚语:"遗子黄金满籝,不如一经。"即给后代留下黄金满箩筐，不如留下一部经书。《南史·徐勉传》载，徐勉于梁武帝时被授予中书侍郎，参与掌管吏部选官，后任吏部尚书。徐勉虽然身居要职，但不经营产业，家里没有积蓄，将俸禄都分送出去以供养穷困的亲属。门客、老友有人随口进言，徐勉回答说："人遗子孙以财，我遗之以清白。子孙才也，则自致辎軿；如不才，终为他有。"即"别人把财产留给子孙，我把清白留给他们。子孙如果有才，就会自己取得财物；如果没有才，财产终究要为他人所有"。

三、"以不贪为宝"

珍贵的东西被人们统称为宝物，喜爱宝物乃人之常情。然而，人所皆知的"子罕不受玉"的故事中，子罕心中的宝物却与众不同。《左传·襄公十五年》载，子罕以司城身份在宋国执政时，有人得到一块美玉，把它献给子罕，子罕不接受。子罕说："我把不贪当作宝，你把玉当作宝，如果你把美玉送给我，我们两人就都失了宝，倒不如各自保存好自己的宝物。"子罕视不贪的品格为宝，这比玉珍稀，比金贵重，比钱价更高，有了这个无价之宝，自然就不会对世上其他任何宝物，尤其是对那些来路不正的所谓宝物再心动，因为他唯恐失去了自己身上的无形之宝。看来，只有心中视廉为宝，手中才能常持此宝，永生享用，以一宝御万宝。

四、"并非怕人知道才不受贿"

慎独,在独处中谨慎不苟、清廉如玉是个人修养的最高境界。廉吏们都特别看重这一点,他们却赠拒贿的举动,往往发自内心深处,是出于严格的自律,而非依靠什么外在的约束和监督。《新唐书·李尚隐传》载,李尚隐,性格刚直。唐玄宗开元中,官至广州都督、五府经略使。任满还朝,有人送李尚隐一些黄金,并说没有人会知道这件事的。李尚隐坚决推辞不肯接受,说:"吾自性分不可易,非畏人知也。"即我的性格本来就是如此,不可移易,并非怕人知道才不肯接受。

五、"取之在义不在官大小"

有些官员贪污受贿的托词之一就是,我不是多大的官,对官场风气的好坏也起不了多大的作用。这不对。不论你的官位大小,代表的都是公共权力,你的一言一行,民众都会看在眼里记在心上,甚至还会据此来评价政权的优劣和政治的清浊。只要官帽在身一天,就丝毫懈怠不得,就要如履薄冰、如临深渊。《新唐书·钱徽传》载,钱徽,曾任太子庶子。宣武军行营兵马使韩公武欲在朝中求得内助,以重金贿赂公卿,送给钱徽20万钱,钱徽不受。有人对他说:"你不是执政当权的大臣,没有必要谢绝。"钱徽说:"取之在义不在官。"即取人之物,在于义与不义,不在官之大小。钱徽任江州刺史时,州中存有牛田钱100万,是原任刺史拟作宴客与送礼用的。钱徽对官属说:"这钱本是用来备耕的,岂可挪作他用?"遂命代农户交租税。

六、"以贿赂护身吾不忍为"

知耻,也就是知道羞愧和耻辱,这是一个正常人所具有的最基本的道德感,知耻又是自尊的重要表现,唯有知耻才有自尊。而禽兽是没有羞耻感的,完全依靠其本能生存。孟子说"人不可以无耻",即一个人不可以没有羞耻感。可见知耻对于人来说,是极其重要的,对于官吏来说,这就更为重要了。康有为说:"人之有所不为,皆赖有耻之心。"《菜根谭》中也说:"盖愧、悔二字,乃吾人去恶迁善之门。"正因为有着强烈的知耻感,廉吏们才能有所不为、却赠拒贿,更不会去行贿。《南史·袁宪传》载,袁君正,南朝梁武帝时,官至吴郡太守。袁君正有一子,聪明好学,年仅14岁,就已经为当时名流所称道,皆劝袁君正送子参加策试。当时生徒参加策试,按惯例须行贿赂。门客中有人劝袁君正为考官准备钱物,袁君正说:"我哪能用钱替儿子买科第!"《新唐书·杜佑传》载,杜希望,唐玄宗开元中,为鄯州都督、知陇西节度留后事。宦官牛仙童奉使巡边,别人劝杜希望厚赠金帛,以结其欢心。杜希望说:"以贿赂护身,吾不忍为。"牛仙童还朝,便奏杜希望不称职。于是,杜希望被贬为恒州刺史。后牛仙童受诸将贿金事发,论罪处死,而送金诸将皆获罪,唯有杜希望无事。

七、"一衣虽微不可不慎"

人若要养成好的品德，就要时时处处谨慎，必须要在人们不注意的极其细微的事情上加以留意。只注意大的方面不出问题，小的地方错误、毛病重重，且认为小事不至于妨碍大体，那就错了。"千里之堤，溃于蚁穴"，说的就是这个道理。大凡以权谋私、贪污受贿之类，犹如吸食毒品，最易上瘾，有了第一次，便有第二、第三乃至更多次，得到越多，欲壑就越难填满，一旦东窗事发，则悔之晚矣。有些廉吏就特别注意这一点。《明史·王溥传》载，王溥，洪武末年为广东参政，以廉洁闻名。其弟由老家来看他，有一属吏与其弟同船，赠送其弟一件布袍。王溥命弟弟退回去，说："一衣虽微，不可不慎，此污行辱身之渐也。"受人一件衣裳是小事，但玷污品行、玷污身体，往往是由这些小事逐步发展起来的。王溥居官数年，僚属馈赠皆不受，就是受诬告入狱时，对部属给的用作打点的钱物仍不接受，说："吾岂以患难易其心哉！"即我不能以患难为由就改变秉性，收受别人的钱物。

八、"吏人之物一毫也不敢侵犯"

《菜根谭》中有句话："人只一念贪私，便销刚为柔，塞智为昏，变恩为惨，染洁为污，坏了一生人品。"把它用在官吏收受僚属的贿赂上，最恰当不过了。吃人嘴软，拿人手短。即使你原来是一个多么公正无私、锐意进取的人，也再无从施展了,因为下属们对你的尊崇感、信任感不在了,而是心生厌恶。廉吏们对此都特别小心谨慎。《北史·儒林传》载,石曜,居官清俭。北齐后主时,为黎阳郡守。时丞相咸阳王世子斛律武都出为兖州刺史,性贪暴。斛律武都先过卫县,自县令、县丞以下县官,聚敛绢帛数千匹相奉送。至黎阳,斛律武都令左右叫石曜及县官也前来奉送。石曜乃手持一绢,往见武都说:"此是老石机杼所织出,聊以奉赠。除此之外,皆须出自吏人。吏人之物,一毫不敢侵犯。"武都素知石曜清廉纯儒,内心虽不愿意,也不好指责什么。

九、"唯恐辱没祖先及家乡父老"

人的心中要有所敬畏。所谓敬畏,其实就是严肃认真、小心谨慎、防止出错。人不能没有敬畏,试想对什么都满不在乎,整天大大咧咧,行为马虎草率,能干成大事吗?更有甚者无所畏惧,随心所欲,放肆胡来,那么,早晚会变成社会渣滓。廉吏们往往敬畏父老乡亲,敬畏祖宗先人,唯恐自己不够检点,犯了错误,给乡亲和先人抹黑。用今天的话讲,就是心中时刻装着民众。官员的是非功过,不能"王婆卖瓜,自卖自夸",最终是由民众来评说的,敬畏民众是必须的。《新唐书·韦夏卿传》载,韦夏卿,唐德宗贞元中,官至吏部侍郎。韦夏卿的从弟韦执谊为翰林学士,尝受人金,有所干请,密以金置夏卿怀中。夏卿毁怀中衣而不受,说:"吾与尔赖先人遗德,致位及此,顾当是哉?"即我与你凭借祖先遗德,才有了今天这样的地位,哪能做这等事呢!于是韦执谊大惭。《明史·涂祯传》载，涂祯，初为江阴知县，明武宗正德初年为御史，巡按长芦盐场。时宦官刘瑾纵容私人贩卖官盐，又命其党羽毕真托人私自捕捞海物，侵夺国家商业之利。涂祯皆依法予以制裁。刘瑾大怒，假传圣旨，将涂祯逮捕入狱。涂祯在京中的同乡商议凑钱向刘瑾行贿，以解救涂祯。涂祯得知此事，坚辞不可，说："死耳，岂以污父老哉！"我不过一死罢了，哪能以此污辱家乡父老呢？涂祯竟受重杖30，死于狱中。

《周书·裴侠传》载，魏正光年间，裴侠任义阳郡守，追随太祖征战，被任命为河北郡守。裴侠生活俭朴，为民着想，百姓官吏都很感激他。按河北郡旧制，应有渔夫、猎人30人供奉郡守，还配有30人为丁夫，供郡守驱使。裴侠说："以口腹之欲来役使别人，我是不干的。"于是，裴侠将这些人全部撤掉，不让他们为自己干活，而是让他们为官府买卖马匹。日积月累，马匹竟然多得成群。离职之时，他什么也不要。百姓颂扬他："肥鲜不食，役税不取，裴公清惠，世上典范。"裴侠曾和众多牧守一起拜见太祖，太祖令裴侠站在一边，对其他牧守说："裴侠清廉谨慎，一心为公，为天下第一，今天众人中如有同裴侠一样的，可以同他站在一起。"众人都黯然无声，没人敢接话。太祖于是厚赏裴侠。朝廷内外都表示叹服，称裴侠为"独立君"。当时有些同朝为官的族人讥笑他说："人生仕进，应当生活富裕，名望又高。像你这样清苦，究竟想干什么？"裴侠答道："夫清者莅职之本，俭者持身之基。况我大宗，世济其美，故能：存，见称于朝廷；没，流芳于典策。今吾幸以凡庸，滥蒙殊遇，固其穷困，非慕名也。志在自修，惧辱先也。翻被嗤笑，知复何言。"即裴侠说："清廉是为官之本，节俭是修身之基。况且我们是大族，世代都能成就美名，所以应当做到这样：活着，被朝廷称赞；死后，流芳千古。如今我侥幸以平庸之才，承蒙特殊的恩遇，我安于穷困，并不是为了追求虚名，而是志在提高自我修养，恐怕有辱先人。我这样做反而被讥笑，还有什么话说？"讥笑裴侠的族人都惭愧而退。

十、"安身存正在于无私寡欲"

人不可能没有欲望，但要节制。荀子就说过："欲虽不可去，求可节也。"即人的欲望虽然是不能消灭的，但对欲望的追求是可以节制的。否则就会像程颐所说的那样"一念之欲不能制，而涡流于滔天"。就会贪得无厌、奢侈挥霍、声色犬马、纸醉金迷、精神颓废、人格低贱，到头来必然是"欲而不知足，失其所以欲"，因为贪欲过多而招致毁灭。要有意识地将自己置于社会的风俗、道德、法律、习惯、规范、纪律的管治之下，加强自我约束，做到少私寡欲。《晋书·潘尼传》载，潘尼，西晋文学家，以文章知名，生性沉静恬淡，不与人争利，安心研读，专志著述。著有《安身论》，以铭其志，其中有这样的句子："盖崇德莫大乎安身，安身莫尚乎存正，存正莫重乎无私，无私莫深乎寡欲。"简而言之就是，"安身存正，在于无私寡欲"。即要想保证自身的正直，关键在于无私寡欲。潘尼所处时代正值"八王之乱"之时，朝廷多变故，潘尼身为侍中、中书令，职居显要，从容应对，后病归故里，得以善终。

整治"四风"也要提倡官员相互监督

读《汉书·萧望之传》,被一段文字所吸引,"丞相司直繁延寿奏:知御史有令不得擅使,望之多使守吏自给车马,之杜陵护视家事。少史冠法冠,为妻先引,又使卖买,私所附益凡十万三千""受所监赃二百五十以上,请逮捕系治"。讲的是,丞相司直繁延寿上书弹劾御史大夫萧望之:身为御史大夫不能擅自行动,就多次指使留守御史的官吏自备车马,去他的老家杜陵照看家事。少史们头戴法冠,给他妻子牵着车马去办私事,还指使少史们帮忙买卖东西,这些官吏私下贴钱给他妻子,数额达十万三千钱。接受属官贿赂达二百五十万钱以上,请将萧望之逮捕惩治。于是汉宣帝斥责萧望之"廉声不闻",将其降为太子太傅。

所谓丞相司直,是丞相属官,"掌佐丞相举不法"。时任丞相为丙吉。萧望之是一代名臣,还是受遗诏辅政的重臣,因私用官吏、官车为妻用,变相受贿,也就是类似今天触犯"四风"禁令的那些行为,而遭到小官吏的举报。一方面说明繁延寿尽管可能有因对萧望之不尊敬自己的顶头上司丙吉而不满的因素，但忠于职守，职责所系；另一方面也说明丞相、御史大夫之间，包括他们的属官之间，相互比较了解，甚至对对方的家庭琐事也了如指掌，因此举报时才言之有物。这使笔者联想到现在的整治"四风"，应该说群众监督、媒体监督及上级监督，都已经很到位了，也取得了很可喜的成效，最近中纪委又开通了网上纠"四风"举报直通车，更加大了这方面的整治力度，但似乎欠缺了一点官员同僚之间的相互监督。倒不是要求官员都像丞相司直那样，动不动就对同僚搞举报什么的，当然对问题严重构成贪腐的，本着对党对事业负责的精神，该举报的举报。现在强调的是，要提倡官员相互之间多"拉拉袖子"。因为官员同僚之间，毕竟接触多、了解深，尤其是对规章制度全都清楚，甚至对以往搞过的"打擦边球""上有政策、下有对策"的那一套以及在今天可能出现的变化，也都略知一二，如能在工作生活中，见到谁有违反"四风"或变相违反"四风"的苗头及行为，及时提个醒，打打招呼，使其不至于深陷其中不可自拔，肯定是对官员本人及其家庭，对工作和事业都是好事、幸事。实际上这也是党内开展批评和自我批评，实行民主监督的应有之义。也许有人会说这样做是要得罪人的。答案是非但不得罪人，反而能结交人，交下真正的诤友、至交。人在困惑迷茫之际，有人猛喝一嗓子，他会一辈子记忆犹新的。见面吹吹拍拍，动辄你好我好，大交酒肉朋友，事实证明这些朋友没有几个是靠得住的，只不过是互相利用一阵子罢了。官员同僚的监督得以强化，加之其他方面的监督，再给予有效的综合治理，相信根治"四风"的目标，一定能够实现。

戒利远名为国忧

刘大夏，官至兵部尚书，是明朝孝宗皇帝时期的著名清官。《明史·刘大夏传》载其"居心行己，磊落光明，刚方鲠亮，有古大臣节概"。刘大夏有两句名言："居官以正己为先。不独当戒利，亦当远名。""人生盖棺论定，一日未死，即一日忧责未已。"即为官首先要正己，不单要警惕金钱的侵蚀，还应当远离功名的诱惑。人死了才能对其一生的功过做出总结，一天没死，就要忧虑这一天的责任尽到了没有。两句话概括起来就是六个字："戒利""远名""忧责"。多么好的为官箴言，拿到今天来照样管用。

刘大夏在40余年的官宦生涯中，也正是这样做的。在"戒利"方面，刘大夏从不为家庭和子孙经营产业。孝宗死后，刘大夏被武宗所宠信的近臣所害，被判戍边，只带着一个仆人前往。有人问他为什么不带子孙，他说："我为官时，不为子孙捞好处。现在年老被罚，怎忍心令子孙同我一起死在戍所呢？"刘大夏晚年被赦免回家后，教子孙种田谋生，稍有些盈余，就全部赠送给故旧宗族。

在"远名"方面,朝廷要升任时为右都御史的刘大夏为兵部尚书,他却屡次推辞不肯接受。孝宗召见他说:"朕数次任用你,你为什么数次称病推辞?"刘大夏回答得实实在在:"臣年老又有病,看见国家民穷财尽,倘若有所不测,责任在兵部,自己估计力不从心,恐难胜任,因此推辞。"刘大夏不仅生前不去争名争爵,死后也不要人家加以赞誉,为此预先自作墓志铭,说:"无使人饰美,俾怀愧地下也。"

在"忧责"方面,刘大夏更是终其一生,为国为民,从不曾懈怠过。刘大夏有三件事最值得称赞:一是刘大夏受命前往河套以东的宣府处理兵饷事宜,有人对他说:"塞上有权势家族的子弟以买卖粮草谋取私利久矣,你不要因刚直而招惹祸端。"他却说:"处天下事,以理不以势。"当初,塞上购买粮草必须以粟千石、草万束方能买入收进,那些宦官、武臣及其家人得以据此低价收购囤聚,操纵市场牟取暴利。刘大夏下令凡家有粮草的,粟十石、草百束以上都准许原价买进,权势之家无利可图,不到两个月府仓粮草就已蓄足,民众也大受其利。二是刘大夏将南北方军队陆路、水路轮流值班运粮的劳苦以及边防军人困倦疲惫、边将侵占军饷的情况全都奏报给皇帝。孝宗不理解为什么会"天下民穷财尽"。刘大夏据理解释:"朝廷向广西每年取铎木,从广东取香药,花费都以万来计算,其他的花销就可想而知了。"孝宗又问到军队,刘大夏回答:"与百姓一样穷。"孝宗更不理解:"军队居有月粮,出有行粮,为什么会穷?"刘大夏答道:"其帅侵克过半,安得不穷。"孝宗于是下诏对那些导致民穷兵困的行为严加禁止。三是刘大夏在孝宗去世、武宗即位后,奉遗诏请求撤去非定额内的四方镇守宦官，以节省开支，并具体列出应撤去的镇守宦官24人，应淘汰的传奉武臣683名。武宗先是准许，后因阻力大没有执行。刘大夏再三争辩，列举出镇守宦官中如江西董让、蓟州刘琊、陕西刘云、山东朱云等人，贪婪残暴尤甚，应对他们审查惩处。武宗很不高兴。刘大夏后来就是因此被宦官刘瑾等人所害，被判戍边，直到刘瑾之流被诛，才得以获赦返乡。

可以说，今天倒下的那些大小贪官，有一个算一个，全都距刘大夏的为官六字箴言相去甚远，他们贪婪无比，视钱如命，卖官鬻爵，争名抢功，养尊处优，玩忽职守。因篇幅所限，今天单拿"远名"两字来说说。如今官场上不乏这类人，刚到手的位子还没等坐热乎，就急不可待地琢磨爬向更高一级的位子，在追求升官的道路上，似乎永远没有尽头，永远不满足，且折腾起来没完没了，不得到更高的官位，决不收手、誓不罢休。整天把功夫下在拉关系、交朋友、找门路上，不择手段地算计着怎么做才能在群众测评中往前排，如何能混进预提拔对象名单。自己一旦得到提拔，就满口赞颂组织人事部门和党委的"眼睛都睁开了"，反之若得不到提拔，就大骂组织人事部门和党委的"眼睛全都瞎了"。这种官场风气，对有些年轻的公务员影响极大，有人就精心搞了"人生规划"，"30正处，35副厅，40正厅，45'进部'（副省或副部）"，甚至大言不惭地说："副部以上的官才活得有点意思。"至于"当官的本质是为人民服务""工作中是要如履薄冰、如临深渊的"这些道理早就抛之脑后了，一门心思想的是升官发财享福。这是万万要不得的。想当官应追求为民的政绩和民众的口碑，而不能今天想提拔，明天盼高升。诚然，国家需要官员管理，部分官员也会得到提升，没有官员来实施管理、没有官员正常晋升渠道的国家，整日处于无政府状态之下，不可能是个健全完善的国家。党和国家会根据需要，经常提拔任用一些官员，由于越往上位子越少，对于基层多数无法得到提拔的官员，最近还规定"县以下机关建立公务员职务与职级并行制度"，在薪资待遇上给予倾斜。作为官员个人，就是要立足现有岗位干到底，贡献一生的聪明才智。好的官员，无论职务大小，人民会记住他，国家会记住他，历史会记住他，正所谓青史留名。早年，孙中山就曾说过："要立志做大事，不要做大官。"所谓大事，当然是指要把眼前的工作和事情做好、做深、做精、做透，做到极致，这就是利国利民，就是惊天动地，就足够了。看来要真正做到刘大夏所说的"远名"，首先要摒弃做大官之念才成。

小议领导干部肩负的共同责任

从时下揭露出来的贪腐分子的种种恶行看,他们往往都把领导职务当作了实现乐趣、享受特权的平台。曾有个因贪污被判处死缓的人说得更直白:"当官要是没有好处,谁还去当啊!"其实,各级领导职务的本质是什么,答案中肯定少不了"责任"二字,而且职务越高,责任越重,这本是天经地义的命题。"爵高者忧深,禄厚者责重。"即爵位高的人其忧患也深,俸禄厚的人其责任也重,"爵高禄厚者"承担着对国家、对百姓的重大责任。三国时期的许靖给曹操上书中的这句话,把位高责重的道理讲得一清二楚。法国大文豪雨果也讲过:"我们越往上升,正直的良心受到的压力也越大。位子越高,责任也越重。权力增加了,责任也跟着加重了。"总之,领导就是责任,这种责任不仅是指那些分内应做的事,如职责等,还理所当然地承担着一些共同的责任,即只要职务在身一天,这种责任就自然而然地存在着。过去似乎对此种责任宣传得不够,讲得不够多,加之贪官们对此又各有自己的胡乱解释,因此有必要正本清源,大张旗鼓、不厌其烦地讲清领导干部身上肩负的这种共同责任。

首先是胜任本职。各级领导干部无论出身、经历如何，一经被任命为现职，就要尽快摸透情况，熟悉岗位，早日成为行家里手。德国的歌德说过："责任就是对自己要求去做的事情有一种爱。"俄国的托尔斯泰也说过："一个人若没有热情，他将一事无成，而热情的基点正是责任心。"以百倍的热情和不懈的努力，去钻研业务，学习专业知识。千万不能不懂装懂，权力大嘴也大，无论是对是错，动辄说一不二。如果一直不能进入状态，懵懵懂懂一锅粥，还不如早点辞职了事，无官一身轻嘛，千万别占着位子耽误了事业。常见有的倒台贪官抱怨，过去都是这么干的，人家没出事，就我倒霉出事了。完全不是这样的，除了贪欲外，不能有效依法依纪驾驭局面，对本职工作中那些容易被人玩猫腻、搞名堂的细节全然不知，愣是糊涂官一个，也是问题的症结之一。胜任本职，是领导干部责任中的重中之重。

其次是为人师表。七情六欲，人皆有之。但身为领导干部，天然地会成为部属和民众心目中的榜样，必须对欲望有所克制，要向古今的道德模范看齐，决不能做无耻小人，那些以情以理以法不能去做的事情，压根就不要去想，更不要去做。不仅要自己做得好，还要约束好配偶及家人。决不能台上讲得头头是道、天花乱坠，台下吃喝嫖赌、样样不落。已经揭露出来的贪官属于这种类型的不在少数。印度的普列姆昌德说过："责任感常常会纠正人们的狭隘性。当我们徘徊于迷途的时候，它会成为可靠的向导。"美国的爱默森也说过："我们最高的责任岂不是在自己身上保持'人'的尊严？"有了为人师表的强烈意识和自觉行动，领导干部与民众就会同呼吸共命运，直至不分彼此、同甘共苦、水乳交融，在位时受到民众的尊敬，退休后仍能受到民众的好评，不至于让人在背后戳脊梁骨，以至于出现近年来多次发生的高官因贪腐被查处后，民众奔走欢呼、燃鞭相庆这样的事。

　　最后是勇于承担。遇到权力往里揽，遇到责任往外推，是万万要不得的。古今中外，领导干部敢于担责的榜样多得很。诸葛亮第一次北伐，因错用马谡导致街亭失守而败北，上表"请自贬三等"，成为千古佳话。法国前总理拉法兰是曾在我国"传染性非典型肺炎"暴发不久后，第一个到访北京的外国政要，他对劝其不要在这个时候去北京的人说："我们告诫那些为了游玩而想去亚洲的人推迟他们的行程，但是当旅行与责任相关时，就必须把责任承担起来。"只有勇于担责，才能尽职尽责、全心全意地去干事，才能以"如履薄冰、如临深渊"的心态，去对待工作和任务，也才能赢得部属和民众的信任和拥戴，上下团结一致，共同去迎接和战胜任何挑战。法国罗曼·罗兰的名言"一切责任的第一条：'不要成为懦夫。'"，应永远成为领导干部勇于担责的自勉格言。

把当官与发财掰开

范蠡，可谓大名鼎鼎：辅佐越王勾践完成灭吴雪耻的千古伟业；传下"飞鸟尽，良弓藏；狡兔死，走狗烹"的绝世佳句；功成身退后成为纵横商海的商圣，几乎无人不晓。然而，笔者更看重的是，范蠡把当官与发财的界限区分得特别清楚，是"当官就不要想发财，发财就不要去当官"的典型代表。今天开展反腐败斗争，在"打虎灭蝇"不断取得胜利的基础上，必须引导公务人员破除"当官发财"的陈旧观念，把当官与发财彻底掰开，使其都回归到本来的轨道上，再也不能合二为一。这一天的早日到来，是预防腐败思想和加强制度建设的巨大胜利，广大民众对此都热切地盼望着。如果连当官与发财的剥离术都做不到、做不好，民众是不会满意的。有鉴于此，重读一下范蠡是必要的。

《史记·越王勾践世家》载，范蠡辅佐越王勾践，千辛万苦竭尽全力，奋斗了20多年，终于灭掉了吴国，洗雪了当年被困会稽山的耻辱，并出兵向北进军，压倒齐、晋等国，号令中原，尊崇周室。勾践成为天下霸主，范蠡自己也做了越国的上将军。回国后，范蠡以为盛名之下，难以长久，况且以勾践的为人，可与之共患难，难与之同安乐，于是，范蠡便给勾践写了一封辞书，带着亲信仆从和轻便的金珠玉器，乘船渡海走了。范蠡到了齐国，自称鸱夷子皮，在海边耕田劳作。范蠡父子几人辛辛苦苦创置家业，没过多久就积累起了几十万的家产。齐国人听说范蠡能干，就请他做齐国的宰相。范蠡叹息说："在家为民就能积起千金，在朝为官就能位至卿相，作为一个平民，这已经达到顶点了。过久地享受这种荣誉，是没有好处的。"于是他交回了相印，把家财散发给朋友和乡亲，携带一些贵重财宝，悄悄地离开了齐国，来到宋国的陶县。他认为这里是天下的中心，是贸易往来货物集散的枢纽，在此做买卖肯定可以发财。于是他自称陶朱公，父子几人重新耕种畜牧，买进卖出，以获得十分之一的利润，过了不久，又积累起数以万计的家产。陶朱公的名声传遍天下。

纵观范蠡的一生，他所追求的人生目标是为官就要做到卿相，经商就要成为富翁，为此他两度入朝为相，都专心从政，丝毫也没有利用卿相的职权，为自己攫取不义之财。他一心一意辅佐君王，克敌制胜，治国安邦；范蠡两度辞官经商，都埋头苦干，发财致富，以至成为人们至今还顶礼膜拜的商圣。把当官与发财区分得如此清晰，互不干扰，互不越界，并且都能做到极致，可以说，范蠡是史上有文字记载以来做得最好的。当然，与范蠡几乎同时期的名人中，主张当官与发财分开的还大有人在。如《史记·张仪列传》载，张仪曰："臣闻争名者于朝，争利者于市。"即张仪说，我听说，争功名的，应去朝廷；争实利的，应去市集。又如《史记·循吏列传》载，春秋时期鲁国宰相公仪休说:"使食禄者不得与下民争利,受大者不得取小。"即当官享受俸禄的人不得再去干别的事情和老百姓争夺利益,得了大利的人不能指望再去得小利。

  这样的好主张,为什么在漫长的封建社会却实现不了?范蠡树立的好榜样,达官贵人中也没有多少人能照着去做,相反,"当官发财"逐渐成了官场的主流意识、国民心态的重要组成部分,甚至连民间都以此为祝福语。对此可以做出多种解释,但最基本的原因还是传统社会是宗法家族制度的社会,一人做官全家受益,所谓"一人得道,鸡犬升天"。想要全家受益仅靠正当俸禄是不可能的,利用职权贪赃枉法、收取贿赂,那是必然的;儒家思想主张"学而优则仕",做官为求富的正道,奠定了读书人当官发财的心理基础;传统吏治又无力遏制和根除官场腐败,促使当官发财愈演愈烈,当官被看成发财的手段,当大官发大财,当小官发小财。总之,中国人历来看重的是步步高升、高官厚禄、光宗耀祖、衣锦还乡。可以说,"当官发财"是中国封建社会思想残余中危害最大的毒瘤。共产党领导人民翻身得解放,犹如换了人间,对于当官到底是为了什么,毛泽东在中央警备团追悼张思德会上的演讲中,最先定位为"为人民服务"。后来"为人民服务"这五个字,成为中国共产党的立党宗旨,被各级党政机关及其工作人员作为座右铭和行动口号。在北京中南海,其正门新华门内的影壁上嵌有毛泽东手书的"为人民服务"几个大字。新中国的成立、共产党人的崇高追求,为将当官与发财成功剥离开来,提供了极好的契机,在相当长的一段岁月里,广大公职人员做得非常好,民众也很满意。然而,"当官发财"的封建残余思想,岂是一朝一夕就能消灭干净的，遇有适当机会就会再出来兴风作浪。眼下官员贪腐情况多发，尽管原因是多方面的，但从思想深处讲，"当官发财"观念的"贡献"不可小觑，"毒瘤"仍在继续恶化和转移。不少腐败分子已经不满足于"当官发财"，即利用职权贪污受贿了，还官商勾结，大肆插手经济活动，利用自己的权力影响和所掌握的资源优势，大把大把地挣钱、捞钱。他们或自己亲自出面，又当官又暗地里经商做买卖；或由家人亲属来搞所谓的皮包公司、影子公司，自己在背后提供支持，轻轻松松赚大钱；或插手大的工程建设，插手项目的招投标，插手城镇动迁拆迁工程，插手大宗土地出让，插手大笔银行信贷；或纵容子女和亲戚朋友垄断某一暴利行业，甚至不惜采取打砸抢的行为，干起黑社会的勾当；或退休后直接转入其在职时常年给予"关照"的经济实体，混个高薪的董事干干。因此，深入反腐败必须两手抓，必须千方百计从思想上批臭"当官发财"的观念，使其再也不能兴风作浪。

当官与发财，是人生道路的两种选择，一个是向往社会地位，一个是追求财源滚滚。国家需要官员管理，没有官员管理的国家，整日处于无政府状态之中，不可能是一个健全完善的国家；社会需要财富，没有一定数量的财富积累，社会也不会发展进步。两者相互补充，不可或缺。当官追求的是地位和名声，所谓青史留名。好的官员，国家会记住他，人民会记住他，历史会记住他。商人追求的是生意兴隆、财源广进。官、商本是两条不相交的平行之道，理应"分道扬镳"。习近平总书记就曾告诉基层的官员，"如果觉得当干部不合算，可以辞职去经商搞实业，但千万不要既想当官又想发财"（原载2012

年12月4日大河网）。2014年青年节，习近平总书记到北大校园，再一次告诫大学生说："当官就不要想发财，想发财就不要去做官。"公职人员既然选择了当官这条路，就是选择了为人民服务之路，为民执政之路，也就是选择了远离发财致富那条路。国家对公职人员有严格的管理规范，公务员的收入是公开透明的，也完全可以保证温饱。官员要甘于做人民的公仆，要守得住清贫和廉洁。简而言之，要当官，莫发财；想发财，莫当官。

进一步从当前可操作的层面探讨，可采取以下三招：一是在党内举办的各类领导干部培训班中，安排专题学习与讲座，从理论上弄清当官与发财的区别，大讲特讲中国共产党的宗旨就是为人民服务，别无其他目的和企图。也要毫不隐讳地讲明做官的好处只有一条，就像朱元璋说过的那样，国家俸禄就像一口井，井水虽不多，却总也抽不干，但永远发不了财。在广大干部中逐步形成当官就是做人民公仆、就是不能发财致富的强烈意识，在思想上牢固树立起反腐的钢铁长城。二是建议实行任职宣誓之类的仪式，在任职时公开搞宣誓就职，邀请社会各界人士参加，发誓就职后只为人民，不搞贪腐。使其在今后任职过程中即使起了贪心欲念，也轻易不好意思食言搞贪腐。三是实行官员任职和离职时的个人财产公示制度，让社会各界及广大群众监督，看官员们任职期间积累财产的差额，差额部分是否合情、合理、合法。原有的一年一度领导干部述职，也要注重实效，不流于形式，将个人廉洁状况当作重要内容，加以报告，让班子成员和广大民众去审查与评说。只要这样做了，就足以震慑那些心存不轨者，使他们不敢贪腐。当然，要彻底根除"当官发财"的毒瘤,光侧重思想建设是远远不够的,还要有一系列使官员不能贪腐的制度和规章。广大民众对此寄予了无限的期望,千万不能让民众失望啊!

百里相送与燃鞭相庆

近读《后汉书》,三个廉吏离任时,百姓或是苦苦挽留,或是百里相送,真是感人至深。不妨将三人的事迹罗列如下:

《循吏列传》载,刘宠,任会稽太守,郡中大治,百姓安定,当他调任京官时,百姓争相送行,有五六位长者每人奉上一百钱,非让他收下不可。刘宠一再推辞,后来实在没有办法,只好象征性地从每人手里拿一钱受之,以作纪念。

《第五伦传》载,第五伦,被拜为蜀郡太守,惩奸除恶,统一衡器,平衡买卖,百姓悦服,虽为二千石官,却亲自锄地养马,他的妻子亲自下厨烧饭,所领俸禄仅留一月粮,其余皆资助百姓中的贫困者。后第五伦被征返京,百姓拦住他的车辕,不让前行。第五伦夜晚乘船走,百姓便跳入水中,加以拦截。

《孔奋传》载,姑臧是富县,这里与胡人通商贸易,每天都有集市,以往每一任县令,没有几个月便都先富起来。孔奋任职多年,把姑臧治理得非常好,而自己却带着妻子儿女以普通饭菜为食,因此被众人讥笑,都说他"置脂膏中,不能自润"。后来陇蜀地区的太守、县令都被征召入京，官员的财物连车满载，塞满了山川。只有孔奋没有资财，乘一辆空车上路。姑臧的官员百姓都说，孔君清廉，仁义贤明，全县都蒙受他的恩惠，他如今离去，要报答他的恩德。于是共同凑集了价值千万的牛马器物，追了数百里，要送给孔奋。孔奋只是拜谢而已，一点也没有接受。

看来民众的眼睛是雪亮的，只要官员行得正、做得好，民众就会看得清、记得牢。投之以桃，报之以李嘛。相反，官员要是贪腐受贿，民众也绝不会买他的账，这一点不会因斗转星移而有丝毫的改变。近年来，各地民众庆贺贪官落马的事情屡见不鲜，有燃放鞭炮的，有在建筑物下拉大条幅的，有打着横幅敲腰鼓的，更有舞龙舞狮的，这就是铁证。如郴州市一纪委书记被查，庆贺民众的腰鼓队前，就拉一横幅："感谢党中央为郴州人民除害！"市区里的鞭炮声则此起彼伏。云南省一副省长被查，普洱市一公司门前，成卷的鞭炮被摆成"V"形，民众还打出"贪腐分子被查处，罪有应得，大快人心"的横幅。成都、雅安、南京、重庆、太原等地的贪官落马时，也都出现过这类民众庆贺的场景。

古时廉吏离任民众百里相送，那是因为廉吏太少太少；现今贪官倒台民众燃鞭相庆，原因就没有那么简单了，需要做出深刻的反思和应对。当然，应该肯定民众的庆贺首先是对党中央加大反腐力度，能迅速并不断地揪出"老虎""苍蝇"的坚决支持和拥护。但仔细分析起来，这种民众自发的庆贺中，似乎还蕴含着很多别的情结在里面。现在没有必要去考究国人燃放鞭炮的历史动因，只从现实中人们的习惯上看，一般来讲逢年过节、结婚大典、公司开张等极其喜庆又来之不易的日子，当然也有喜极而泣的时刻，往往就要用燃放鞭炮这种顶级的庆贺方式来宣泄情感，不然就总觉得不过瘾。贪官倒台，民众心里高兴，拍手称快，奔走相告，燃放鞭炮，好好地庆贺一番，恐怕全都是因为这些贪官为官掌权太久，贪污数额太大，将其扳倒又太难。如果贪官一伸手就被捉住，不至于由小贪演变为大贪；如果民众平时对领导干部是非功过的评价能进入到党委和上级对该干部考核的视线；如果举报反腐轻而易举，各级查处腐败都坚强有力；如果扳倒贪官的程序简单明了，贪官有一个就能被揪出一个。做到了这些，贪官倒台，就属于再正常不过的事情了。从贪官倒台民众燃鞭庆贺的现象中感悟和反思的是：公职在身一天，就要敬畏民意、敬畏权力、敬畏法纪，像习近平总书记要求的那样"堂堂正正做人，老老实实干事，清清白白为官"，彻底根除贪腐现象。

为"介然独立"者点赞

骨仪,隋末京兆郡丞,虽然在《隋书》中有传,但只有200字左右,读者稍不注意就翻过去了,因此估计知道他的人不会很多。然而,就是这篇小传,所刻画出的人物形象却丰满鲜活,让人赞叹不已。

《骨仪传》载,骨仪"性刚鲠,有不可夺之志。开皇初,为侍御史,处法平当,不为势利所回。炀帝嗣位,迁尚书右司郎。于时朝政渐乱浊,货赂公行,凡当枢要之职,无问贵贱,并家累金宝。天下士大夫莫不变节,而仪励志守常,介然独立。帝嘉其清苦,超拜京兆郡丞,公方弥著。时刑部尚书卫玄兼领京兆内史,颇行诡道,辄为仪所执正。玄虽不便之,不能伤也。及义兵至,而玄恐祸及己,遂称老病,无所干预。仪与世师同心协契,父子并诛,其后遂绝"。这段话大意是,骨仪性格刚强耿直,有不可动摇之志,执法公平正派,不被权势和利益所左右。隋炀帝继位后,朝政逐渐昏庸浑浊,贿赂公行,凡在朝廷当个一官半职的,无论官职大小,个个都家藏万金。当时全国上下的士大夫们,都放弃了操守,卷入到受贿大潮中。唯有骨仪保持廉洁的品性不变,不随波逐流,甘于贫穷清苦,介然独立于官场之上。隋炀帝嘉奖了骨仪,破格提拔他为京兆郡丞。骨仪任职后,对惯于搞歪门邪道的刑部尚书卫玄加以打压限制。后来骨仪与另一位将军阴世师,率兵保卫京师,抵抗李唐义兵,城破兵败后被杀。

据上述传记所载,骨仪身上起码有三种优秀品格:一是不惧强权,公平执法;二是忠于朝廷,以身殉国;三是励志守常,介然独立。最后一点尤为可贵,出淤泥而不染,居于群而不流俗。"介"字和"介然"一词,在国学中是蛮有分量的。人字下面有一撇一竖为"介",就像是一个人站在那里两只脚立正的姿势,顶天立地,上顶天,下通地。"介然",指的是专一、坚定不移、永不动摇。如介然守节、介然有常、介然独立。骨仪何以能做到介然独立?

传记中也给出了答案,这取决于他的定力,即"有不可夺之志""励志守常"。这正应了荀子的名言"善在身,介然必以自好也"。即自己若是具备好的品行,一定要坚定不移地加以珍视。用今天的话来解释,当一个人确立正确的世界观之后,才有可能做到介然独立,有为有守,有所为,有所不为。

从政为官的人,应树立什么样的世界观,本来是一清二楚的,那就是一心为民,廉洁干净。然而看看那些倒台的众多贪官,人都已经四五十岁了,甚至马上就要退休或已经退休了,早已过了中年该看透世事的光景,然而正确的人生观都还没有确立和固定下来,往往人云亦云,随波逐流,头脑发热,见钱眼开,利令智昏,以致跌进犯罪的深渊不可自拔。他们中有人会说,以前有些地方的官场环境就是那个样子,作为个人又有什么好办法能独善其身？不对，关键还是看自己的定力如何。从戴上官帽的那一天起，就要想明白是当一名清官、好官，还是甘愿堕落成贪官、昏官。只要"官念"正确，心里就会念念不忘为人民服务的宗旨，就会自觉抵制那些为自己服务的歪门邪道，因为毕竟还没有人强迫你、绑架你让你做什么而不做什么。为官有了正确的世界观，自然就会两袖清风、干干净净，就会做到：有些地方不是当官要花钱买吗？宁可不当那个官也不去买；官再大权再重，也不做卖官鬻爵的买卖；办事批文不是有人硬是要给好处费吗？抹下脸来就是不要；下级下属年节送物送钱，一律婉言谢绝；亲戚朋友请托办事，违法违纪的一概推辞掉；遇有红白喜事，自己毫不声张。实际上，能这样做的官员多的是，只是他们远没有那些贪官更吸引人们的眼球而已。当然，世界观的确立也不是一蹴而就的，有毛病有问题了，就要通过学习充电，随时修正解决，以保持它的纯洁性。现在人们为反腐支招，好像在世界观上做文章的不是很多，甚至连贪官们总结自己的犯罪原因，说到世界观改造不好时，往往都会引来一片嘘声。这太过偏颇，按照哲学内因外因相互联系并在一定条件下相互转化的观点，不可以忽视内因的作用，确立正确的世界观，是一生一世的事情，一时一刻也放松不得。在官场环境尚未彻底清新洁净，有些潜规则还在明里暗里起着作用的情况下，官员能够做到洁身自好廉洁如玉，在一定范围内甚至是"介然独立"，心中没有一定的规则，是万万不行的。当然，随着反腐斗争越来越深入，党风政风必将极大地好转，把权力关进"笼子"，让官员不能腐、不敢腐的制度和规矩，也必将会建立健全起来。但是即便这样,官员自觉做到"不想腐",也是至关重要的。这或许是骨仪给予今人的一点启示吧。

四德为本　一生无求

三国时代，可谓英雄辈出，谋臣猛将如云如雨，数不胜数。然而无论是名著《三国演义》、诸多三国题材的影视剧，还是一点即现的博客网站，都没有提到东吴孙权手下的是仪。《三国志·吴书》有《是仪传》，虽然只有一千来字，却把一个做事勤勉、与人谦恭、廉洁公正的形象留在了史册上，以照耀后人。笔者以为，《是仪传》足以列入今天的廉政教材；是仪，足以成为现代人做人、做事、做官的榜样。

是仪，文武兼备，早年曾建议孙权采纳吕蒙提出的袭击关羽的建议，也曾参与抗击魏国曹休来犯。是仪以文见长，受命长期辅佐太子和鲁王，官至尚书仆射，享年81岁，为国家服务数十年，未曾有过过错，死前命家人，丧事"务从省约"。孙权感叹道："假如人们都像是仪一样，还用得着法令科条吗？"

《是仪传》全篇没有过多描写是仪的文治武功，而是花费了更多的笔墨写了他有"四德"：一是"忠不谄君"。是仪长期在孙权身边，从不献媚阿谀，也从不说别人之短，发现朝廷有什么不妥，就上书规谏，甚至三番五次地进谏。二是"勇不慑夺"，即虽然勇敢但不欺负弱者，"可谓忠勇公正之士"。三是"公不存私"。不置家产，不受贿赂，满足于俭朴的生活，不吃讲究的饭菜，不穿精美的衣服，能够忍受清贫，家中没有积蓄，住的房子也不大。是仪的邻居盖起了大宅，孙权看到后问盖大宅的是什么人，左右说可能是是仪家。孙权说："仪俭，必非也。"左右一问果然是别人家。孙权还亲自到是仪家，来看看他家吃的饭菜，孙权亲口尝过后，非常感慨，当即增加他的俸禄和赏赐，扩大他的田地宅邸。是仪多次推辞，对这样的恩宠深感不安。四是"正不党邪"。不结党营私，也不屈从于邪恶势力。当时，典校郎吕壹得宠，诬陷不少将相大臣，弄得东吴政坛人心惶惶。吕壹诬告江夏太守刁嘉诽谤国政，孙权将刁嘉收监。当时被连坐的人都说刁嘉有诽谤之言，唯独是仪据实回答，说刁嘉没有诽谤国政。孙权这才释放了刁嘉。是仪"资此四德"，为官为人，一生无求无过，难能可贵。中国人历来讲究德性如何，倡导以德治国与依法治国相辅相成的治国方略。现在官员腐败出问题，多数都是出在德上，人民群众对官员有意见，也往往集中在德上。当今社会向社会主义市场经济急速转轨，又处在社会矛盾凸显期，人们对"利"的追求，直接导致拜金主义泛滥、"物欲症"成灾，浮躁和庸俗盛行，不再重视自身的修养与道德，传统道德堤防在一步一步失守，当然官德也在其中。这种状况亟待改变，也必须改变。胡锦涛同志曾讲过："一个社会是否和谐，一个国家能否长治久安，很大程度上取决于全体社会成员的思想道德素质。"纵观历史，凡盛世，人们的道德水准都非常高。反之，人们的道德水准不高,就不可能出现什么盛世。当前需要多措并举、综合治理,运用法律的、宣传的、教育的力量和文化的熏陶,从根本上提高人们的道德水平和文化修养。各级领导干部、公务人员更要立德修身,为人民群众做出样子来。应抽空读一读《是仪传》,对照是仪的"四德",扪心自问,自己有几德,一德、二德,抑或是更多?没有就照着学、照着做,总会有的。

位高责重者忧

"官大招风",位高责重。面对官职升迁,在内心深处是受宠若惊还是欣喜若狂,是对一个人的严峻考验。若能秉持受宠若惊的心态,可能对日后的履职,甚至余生都会大有好处。若是欣喜若狂、眉飞色舞,那会有什么样的结局,可就不好说了。唐代宰相岑文本为后人立了标杆。

《旧唐书·岑文本传》载:"俄拜中书令,归家有忧色,其母怪而问之,文本曰:'非勋非旧,滥荷宠荣,责重位高,所以忧惧。'亲宾有来庆贺,辄曰:'今受吊,不受贺也。'"岑文本被封为中书令即宰相,回家后面带忧色,他的母亲很奇怪,问他这是为什么,岑文本说:"我既没有显赫功勋,也不是秦王旧部,枉蒙如此恩宠,官位高责任重,所以忧心忡忡。"亲戚朋友有来庆贺的,岑文本就说:"现在只接受慰问,不接受庆贺。"

岑文本之所以被提拔反而忧心忡忡,从传记内容分析,大体上理由有三:一是无功受宠心有不安。岑文本不止一次说过"我没有显赫功勋"之类的话。如有人劝他置办产业,岑文本叹息说:"我是南方一介平民,空手进京,当初的愿望不过是做个秘书郎、县令而已。没有战功,仅仅凭着文章官至中书令,这已经到了极点了。承受那么重的俸禄,已经很不安,哪里还能再为自己置办产业呢!"二是担心才低不能胜任。唐太宗新立晋王为皇太子,满朝的名士多兼任太子的属官,唐太宗想让岑文本也这样做。岑文本却说:"我凭借平庸的才能,所居官职早就超出了自己的能力,只担任这一个官职,还担心错误多得数不清,怎么能再辱没太子的属官,来招致舆论的非议呢?请您允许我一心侍奉您,不再希求太子的恩泽。"唐太宗见岑文本如此坦诚,便放弃了让其兼任太子属官的想法。三是为位高责重而担忧。职位高、权力大、责任重,那是需要以如临深渊、如履薄冰的精神来尽职尽责的,这还不足以让人担忧吗?《资治通鉴》第一百九十七卷载,唐太宗东征时,将军中物资粮草、器械、文书簿录等事,全部委派给岑文本管理。岑文本夙兴夜寐,勤勉不怠,亲自料理调配,计算用的筹码、书写用的纸笔从不离手,心力耗竭,终于累倒,暴病而亡。

岑文本被提拔为高官不喜反忧的缘由,还是值得后人深思的。以这样的心态去履新,还能干不好吗?当然他最终被累死在岗位上不大可取,按照现在的观点,应是既勤勉敬业又张弛有度才好,才能坚持得更长久些。实际上,古有明训"福兮,祸之所伏",一个人受到荣宠不是受宠若惊,而是欣喜若狂、得意忘形,就已经埋下了灾祸的种子,身败名裂那是迟早的事。汉代刘向《说苑·说丛》载,"先忧事者后乐,先傲事者后忧"。即做事之前就忧虑的人,事后会得到快乐;做事之前就骄傲的人,事后就会有忧患。看看现在那些腐败的高官,恐怕没有几个人会因被提拔而受宠若惊，欣喜若狂可能是他们唯一的反应。有的官员刚刚升迁，就大言不惭地说："早就该用我了。"有的官员没有得到提拔就埋怨组织部门的人眼睛全都没睁开，自己得到提拔了，就说组织部门的人眼睛睁开了。至于大摆筵席大肆庆贺者，也多得很。哪里还会想到自己还有什么不足，更不会因自己与新任职务要求上的差距流露出一丁点儿忧愁的情绪。

  说到底，被提升后的心态如何，还是世界观、人生观所决定的。如果把职务等同责任，官职越高责任越重，负担和压力也就越大，受到提升以后肯定是受宠若惊有临事而惧的感觉。如果把职务看作是享受、索取的平台和阶梯，职务越高待遇越好，人生越有乐趣，那一定就会表现出欣喜若狂的样子。长此以往，就会渐渐地迷失自我，摆不正自己的位置，心安理得地去享受"首长"级待遇，习惯于被人前呼后拥，久而久之就会经受不住金钱、美味、女色的诱惑，走上贪腐之路，成为人民的罪人。因此，越是位高权重的人，越是要认清自己的责任，承担对国家对党对老百姓的重大责任。这种责任不仅是指那些分内应做的事，还包括一些共性的责任，比如早日成为本职工作上的行家里手，为人师表、勇于担责等。从任职的那天起，就要看到自己能力和水平上的差距与不足，看到肩负的沉重责任和义务，严于律己，时时自重、自省、自警、自励，永葆共产党人的政治本色，牢记为人民服务的宗旨，时刻不忘忧国忧党忧民，处处保持吃苦在前、享受在后的好传统，永远当一个廉洁、勤政为民的好官。

称职的主政者要能使自身和下属都清廉

姚璹是武则天朝的重臣,曾任文昌左丞、同凤阁鸾台平章事,代理宰相。他不仅自身清廉,还能约束下属也做到清廉,受到武则天的高度赞誉。《旧唐书·姚璹传》载:"则天又尝谓侍臣曰:'凡为长官,能清自身者甚易,清得僚吏者甚难。至于姚璹,可谓兼之矣。'"即武则天对侍臣说:"凡为长官,能使自身清廉很容易,能使下属清廉却很难。而姚璹,可以称得上二者兼有。"在强调主政者反腐败主体责任的今天,重读《姚璹传》,还是有所启发的。

《姚璹传》载:"神功初左授益州大都督府长史。蜀中官吏多贪暴,璹屡有发擿,奸无所容。则天嘉之,降玺书劳之曰:'夫严霜之下,识贞松之擅奇,疾风之前,知劲草之为贵。物既有此,人亦宜哉。卿早荷朝恩,委任斯重。居中作相,弘益已多,防边训兵,心力俱尽。岁寒无改,终始不渝。乃眷蜀中,甿俗殷杂,久缺良守,弊于侵渔,政以贿成,人无措足。是用命卿出镇,寄兹存养。果能揽辔澄清,下车整肃。吏不敢犯,奸无所容,前后纠擿,盖非一绪。贪残之伍,屏迹于列城;剽夺之俦,遁形于外境。讵劳期月，康此黎元，言念德声，良深嘉尚。宜布琅邪之化，当以豫州为法。'"说的是，姚璹于神功初年，被任命为益州大都督府长史。蜀中官吏多贪婪残暴，姚璹多次对其进行严厉打击，使奸邪无所容身。武则天下玺书慰劳他说："严霜之下，才识青松的高尚；疾风之前，方知劲草的可贵。物既如此，人也是一样。卿早年蒙受朝思，被委以重任。在朝中做相，已有很多裨益；防边训兵，尽心尽力。岁寒不改，始终不渝。因眷顾蜀中，民俗杂乱，久缺好的地方官，弊病在于侵吞民利，政令因贿赂而成，百姓无所适从。因此命卿出镇，盼望卿能存养百姓。果然到任后能驾驭得当，澄清政风，整肃吏治，吏不敢犯，奸无所容，前后矫正揭发，致使贪残的人躲藏，抢夺的人逃遁。未用一月，就使百姓安定，人民念卿之德，很是赞扬。应当作为全国州郡治理的榜样。"武则天御批之后，又说了本文开头盛赞姚璹的那些话。

至于姚璹是怎样做到自身清和僚吏清"兼之"的，传记没再细说，对于其自身清只提到一句话"神龙元年卒，遗令薄葬"，但从上述记载中能看出，为确保僚吏清，姚璹还是颇下一番功夫的。他毫不手软，敢于严惩贪官污吏，做到"吏不敢犯，奸无所容"，同时也严打盗窃抢夺的犯罪活动，消除贪官污吏滋长的社会基础，确保民众的经济利益和社会安定。须知这不是件容易的事情，起码你自身要干干净净做好榜样，否则就极易打到自己头上来；要有智慧有魄力，能打得狠打得准，不能打不着狐狸惹一身臊；在摧毁官衙积习后，澄清是非、整肃政风，迅速建立起让黎民百姓念好的新官府。姚璹的这些确保僚吏清的做法，还是值得点赞的。

各地各单位主政者,即俗称的"一把手",本身就具有"自身要正,所带的班子也要正"的双重责任,这是不言而喻的。然而从许多反腐败的大案看,有的主政者做得并不好,除主政者本身就是贪官,自己正忙着搞贪腐,没有精力去抓班子建设的情况以外,有几种情况也阻碍着主政者抓班子的廉政建设。有的主政者以为独善其身就行,下属违法乱纪与己无关,不想主动去抓;有的主政者则不会抓,不知道从哪里下手,反腐失之于宽和软,致使问题不能及早发现;有的主政者不敢抓,怕得罪人,丢掉选票,影响自己升官,使小问题逐渐拖成了大问题。中央巡视组到哪里入驻,哪里就会有"老虎"入笼,就是这种状况的典型写照。这样不成,要强化各地各单位主政者的主体责任,叫响"班子成员出了腐败问题,你班长逃不脱干系"的口号,把班子廉政建设摆到重要位置,抓实抓细,常抓不懈。主政者要坚持高标准、严要求,在"三严三实"专题教育中站排头,自觉做清正廉洁的表率,以自己的模范行为,感染和带动班子成员;要管好亲属和身边的工作人员,杜绝"灯下暗"的问题;要严格落实中央八项规定,见微知著,盯紧年节假日红白喜事,看住小事小节严抓严管,防止"四风问题"的反弹;要畅通民众监督、媒体监督的渠道,还要提倡班子成员间相互监督,对出现问题苗头的及时拉拉袖子提个醒;要从实际出发,定出规矩立好制度,靠制度的威力,解决腐败的问题。当然作为上级党组织,还要抓好检查问责的问题,对落实不好反腐败主体责任,班子成员频出腐败问题的,要严肃追究主政者的渎职失职之责。相信,像姚璐"二者兼有"的主政者多起来,风清气正的政治生态就会早日到来。

人贵自知

严畯与马谡,都是三国时期的人物,他们一个在东吴任职,一个在蜀国为官,既没谋过面,又未交过手,如何PK?笔者仅就两人是否具有自知之明这一方面的品德比较一番。

严畯年轻时酷爱读书,擅长《诗经》《尚书》《礼记》,喜好研读《说文解字》,性格质朴忠厚。跟随孙权后,任骑都尉、从事中郎,直至卫尉。《三国志·严畯传》载,建安二十二年(217),横江将军鲁肃病故,孙权打算让严畯接替鲁肃,率领军队一万人,驻守要地陆口。鲁肃之位,何等重要,按《三国演义》说法,就是"大都督"。众将当然都为严畯感到高兴。这也从一个侧面说明,孙权想起用严畯,也是众望所归。可是,严畯很有自知之明,知道自己没有能力对抗近在荆州的关羽和远在北方的曹魏,便一再推辞说:"朴素书生,不闲军事,非才而据,咎悔必至。"即我本来是一介书生,不熟悉军事,不是将帅之才而占据其位,一定会招来过失和悔恨。严畯说话时言语慷慨激昂,泪流满面,真诚至极。后来,孙权又试严畯的骑术,结果严畯上马后竟堕鞍。武将哪有不善骑马的!孙权这才答应了严畯的请求，遂任命吕蒙接替鲁肃之职。众将又都称赞严畯有自知之明，不恋高位。吕蒙不负孙权厚望，白衣渡江，击败关羽，夺得荆州。严畯则仍在卫尉之位上，发挥自己的长处。严畯曾出使蜀国，颇受诸葛亮的赞赏。此外，严畯还著书立说，著有《孝经传》《潮水论》，皆传于世，成为东吴有名的学者之一。严畯最后官至尚书令，以78岁高龄辞世。

与严畯情况差不多的是蜀汉的马谡。马谡自幼就熟读兵书，从军后好论军计，有时竟能跟诸葛亮侃侃而谈，"每引见谈论，自昼达夜"，但却没有真枪真刀上阵厮杀过。刘备曾说过："马谡言过其实，不可大用。"诸葛亮初次北伐，选拔马谡为先锋，结果被魏将张郃所破，失掉街亭要地，诸葛亮不得不退军至汉中。当时魏延、吴懿等一批宿将均在，哪一个不比马谡强。可惜马谡没有自知之明，不知谦让为何物，如他也能像严畯一样，真诚相让，毅然辞掉本无能力担当的先锋重任，诸葛亮还能强迫他不成，何苦最后闹个兵败被杀的可悲下场。

严畯辞让要职，表面上讲的是怕自己将来有过失和悔恨，求的是自我保护，其实质是怕由于自己才能不济，而危害到东吴的国家利益。那些把自己的官职地位、功名利禄看得无比重要，心中全无民众利益和国家安危的人，是不可能做到这样的。如此看来，严畯的自知之明，虽不是安邦治国的大才，也不是可有可无之才，如果没有了自知之明，大家都像蜀国的马谡一样，有时也是会误国殃民的。

"自知之明"，源自老子《道德经》中的一句话："知人者智，自知者明。"后演变为成语，即对自己的优点和缺点都有透彻的了解，尤其是知道自己的不足之处，正确地估量自己。

但是，喜爱听好听的话、奉承的话，甚至不加分析就信以为真，昏昏然飘飘然，忘乎所以，觉得自己多么有能耐，多么了不起，往往不能自知，不知自己为何人。犹如人的眼睛可以看到百步以外的东西，却看不到自己的睫毛，所谓"目不见睫"。常言道"人贵有自知之明"，把人的自知称为"贵"，可见人的自知是多么难能可贵，把自知的结果又称为"明"，可见自知又是何等的智慧。实际上，要真正了解自己，必须变换角色多角度地看自己，客观地加以审视，真正了解自己的长处与短板，以便对人生坐标进行准确定位。当然，也不能将自己看死看透看到老，看成一成不变。认识到自己的不足，就是进步的开始。知其不足而后改之，就能战胜自己、驾驭自己、自勉自励，不断创造人生的奇迹和辉煌。现在，很少能见到和听到类似严畯推辞要职式的故事。不客气地说，个别地方各类安全事故频频发生，环境监测几近失控，食品安全老少皆忧，大小刑事案件多发，以致民众缺乏安全感，幸福指数趋向下滑。固然造成这些现象的原因是多方面的，但也不能说与这些地方的一些官员才小责大、力不从心、执行力差没有一点关系。果真是这样的话，有关的官员就应大大方方地向党组织提交辞呈，请求换个自己能够胜任的岗位来干，不要等出了问题有了损失挨了处罚，才不情愿地离开那个位子。愿现代官场上，也能涌现出自感德才不够，真诚辞掉组织的提拔任命，或任职后自感不能胜任及时提交辞呈的人。对这样的勇敢者，具有自知之明的人，人们一定会刮目相看，高看，又高看。

德高身正威自来

"杨绾入相数日,遽致移风易俗。"这是《旧唐书·杨绾传》结尾处对其的赞语。所谓"遽",意思是急速。这句话是说,杨绾当宰相才几天,就使官场上的不良风气迅速改变。是什么使杨绾有如此能耐,本传给出了答案,那就是德高身正威自来。

《杨绾传》载:"绾素以德行著闻,质性贞廉,车服俭朴,居庙堂未数月,人心自化。御史中丞崔宽,剑南西川节度使宁之弟,家富于财,有别墅在皇城之南,池馆台榭,当时第一,宽即日潜遣毁拆。中书令郭子仪在邠州行营,闻绾拜相,座内音乐减散五分之四。京兆尹黎干以承恩,每出入驺驭百余,亦即日减损车骑,唯留十骑而已。其余望风变奢从俭者,不可胜数,其镇俗移风若此。"这段话说的是,杨绾素以德行著称,质朴忠贞,生活俭朴,居相位不到几个月,官吏们都被其感化。御史中丞崔宽,是剑南西川节度使崔宁的弟弟,家境富有,在皇城之南建有别墅,里面布满园林溪池,在当时被称为第一豪宅,崔宽在杨绾上任后立即暗中派人将别墅拆毁。中书令郭子仪在邠州驻守,听说杨绾为相后,便将府内供其听曲赏乐的人员减少五分之四。京兆尹黎干仗着皇上的恩宠，每次出入府衙驱使的马匹都有上百匹，也在当日减少车马，只留十匹而已。其余大小官吏闻风而动，由奢入俭的不可胜数。杨绾为相所带来的官场风俗转变竟如此之巨。

可以说，杨绾是聚众多优秀品德于一身，几近完美之人，堪比汉代大儒、廉吏杨震。杨绾的品德主要体现在以下几个方面：一是孝敬母亲。他早年孤苦贫寒，以孝敬母亲而闻名，时常为其母吃不到可口饭菜而忧愁满面。二是好学不倦。经史典籍无所不读，擅长文辞，崇尚玄理，沉静寡欲，思想明晰，见识过人。他经常独处一室，左右摆满经书，久久地凝视沉思。所结交的朋友，都是社会名流，天下雅正之士都争着投奔其门下，还有从数千里外来的人。大家终日高谈阔论，谁都不曾追逐名利。三是忠于朝廷。天宝末年安禄山反叛时，杨绾正在长安军中，他冒死逃出长安，风餐露宿，赶到在灵武即位的唐肃宗那里，皇帝非常赞赏杨绾的忠诚，立即任命他为中书舍人。四是用人公道。杨绾任吏部侍郎期间，根据法度推举选用官吏，精心考察人才，以办事公道受到盛赞。有些人到杨绾那里，本想谋求个一官半职，看见杨绾举止风雅、器宇轩昂、言谈豁达，便都心生惭愧，不敢提出而退下。五是清贞守节。当大贪官元载任宰相执掌大权时，公卿大多委身依附，唯杨绾恪守正道，从未私下拜谒过元载，被元载贬为国子监祭酒。随着元载贪贿案发，天下士人纷纷对杨绾加以赞扬。元载伏法后，皇帝立即升杨绾为宰相，朝野士人都相互祝贺。杨绾当宰相后，就裁减庸员、考核官员等，提出和实施了好多建议，为朝中政治屡屡增色添彩，可惜的是不到半年他就去世了，不然朝政还会进一步完善。六是廉洁俭朴。从不留意自己的家产，不过问生计。杨绾多次担任朝中的要职，竟无一处好房宅，所得的俸禄，每月都分发给亲友。试想，像杨绾这样的人，能不"威风八面"吗？

其实，德高望重、身正自带威的人才，放在任何地方，都是能产生奇效的。因为只要有这样的人坐镇，对于想搞歪门邪道的人来说，都是极大的震慑，足以让他们望而却步、退避三舍。现在的各级领导，都要加强自身修养，磨砺品格，使自己能成为德高身正自带威式的人物。有人会说，那是理想主义，个人哪有那么大作用。这是托词。不是"为官一任。守土有责，守土尽责"吗？要把你那里的一亩三分地管好，争不上最佳、最好，起码也要压得住歪风邪气。如果小单位、小地方都搞好了，全国的风气不也就逐步好转了嘛！要坚信党和政府，坚信广大官员，那些大小贪贿之辈，平庸混日之辈，永远成不了干部队伍的主流。随着反腐败斗争的日益深化，"三严三实"教育的有效开展，党规党纪的从严细化，一系列关键岗位终身责任追究制的建立实施，以德为先干部任用原则的落实，现代官场上，德高身正自带威式的官员，定会大量涌现出来，党和人民正热切地期盼着。

知足知止快乐多

因《说呼全传》等小说、评书的广泛传播，人们一提起呼延赞，脑海中就会浮现出一个戴红头帕，骑黑战马，背上插满破阵刀、降魔杵，手舞双鞭，驰骋疆场的神武形象。其实，历史上的呼延赞不仅是个武夫悍将，还是一位知足知止的谦谦君子，他的道德水准，一点也不逊于他的盖世武功。

《宋史·呼延赞传》载："咸平二年，从幸大名，为行宫内外都巡检。真宗尝补军校，皆叙己功，或至喧哗，赞独进曰：'臣月奉百千，所用不及半，忝幸多矣。自念无以报国，不敢更求迁擢，将恐福过灾生。'再拜而退，众嘉其知分。"说的是，咸平二年（999），呼延赞跟随宋真宗巡幸大名，担任行宫内外都巡检一职。宋真宗想要增补军中将校，结果众将都争相叙述自己的功劳，以致喧哗不已，只有呼延赞说："臣每月领薪百千，但我所花费的还不到一半，所以我已经为自己薪酬之多而感到受之有愧。我自问没有做过什么报国的事情，不敢再求职务上的升迁，恐怕福气过多反生灾祸。"再拜而退，所有人都称赞呼延赞知足知止的精神。

呼延赞缘何能有如此高风亮节？从本传看，首先出于呼延赞浓浓的爱国情怀。呼延赞戎马一生，热爱国家，忠于朝廷，他全身都文了"赤心杀贼"四字，又在每个儿子耳后刺上"出门忘家为国，临阵忘死为主"的字样，为北宋统一事业和抵御契丹入侵做出了重大贡献。第二是颇有自知之明。既不求奢靡、不图富贵，满足于俸禄够花够用就成，知足常乐，又深知自己是谁，能胜任什么官职，不能胜任什么官职。本传载，呼延赞"出为保州刺史、冀州副都部署。至屯所，以无统御材，改辽州刺史。又以不能治民，复为都军头、领扶州刺史，加康州团练使"。就是说，对于自己长于上阵厮杀，短于统御下属，更缺少治民之术，呼延赞颇为自知，因此他对高官厚禄不再有任何奢望。第三是大彻大悟、懂人生真谛。虽然本传中没有关于呼延赞如何读书的叙述，但从其辞去晋官加俸的话中，可以看出呼延赞已经悟到人生真谛，明晰祸福互变之理，惧怕所享福分太多，反招致不测之灾。

"祸莫大于不知足。故知足之足，常足矣。"老子《道德经》所载的这句话告诉人们，最大的灾祸是不及时终止无穷的欲望。只有知道满足而获得的富足，才是长久的富足。孔子在《大学》中也说过："知止而后有定。"而"大智知止，小智惟谋"则是隋朝文中子（王通）的一句名言。看来知足、知止，是一种修养，更是一种智慧。只有拥有充足的知识和无比的智慧，把快乐建立在对事物通透的认识和理解上，看透事物发展的规律，明白无穷欲望带来的恶果，及时终止自己的欲望而免遭损失和灾祸，才会获得长久的平安富足和快乐，而不是把快乐定义在满足无穷的欲望上。从倒台的大小"老虎"、"苍蝇"们的恶行来看,他们往往有两点特不知足:一是不得到更高的官职,永不收手、誓不罢休。好多地方的官场上,一旦出了重要岗位空缺,"毛遂自荐"的人多的是,"我行""我能"的噪音声声刺耳,且折腾起来没完没了,永不停歇、永无止境,至于自己是否胜任该岗位,他才不去合计呢,而捞到"顶戴花翎"后干得如何,那更是另一码事了,无非是搞以权谋私、以权谋钱那一套罢了,直到镣铐加身才算终结。二是在攫取金钱、积累财富上更是没完没了、多多益善,什么钱都敢伸手去贪,什么人送的礼都敢收,贪贿千万元甚至过亿元,已经屡见不鲜了。党的十八大以来,"打虎拍蝇"的高压态势,给贪官们以极大震慑,有些官员即使在官位和财富上不知足,也只好止步收手。当然,什么时候都有顶风作案的,发现了一查到底就是了。对于广大干部来说,也要弄清楚两个小道理:第一,不是能力越强,官职相应地也要越高,道理很简单,越往上走位置越少,被提拔任用的永远是少数人。然而官职无论大小,都需要能力强的人,为人民服务是永远没有止境的。在现今的条件下,谁敢说"我的工作已经十全十美,再没有努力和奋斗的空间了"?即使有也是他自己的看法,不可能是人民大众的意愿。谁也不能说,我的能力实在是太强,现有的位子已无法容得下我了,必须马上提拔。这就弄颠倒了当官究竟是为了什么,共产党人要立志做大事,不要立志做大官,这应成为所有干部的座右铭。第二,既然当了国家干部,按月拿着国家发的薪水,就永远不要再做发大财之梦,更不能脱离群众,硬往先富那拨人群里钻,要与广大民众同呼吸共命运,带领群众苦干、实干加巧干，为中国梦的早日实现贡献自己全部的光和热。只有在官职和待遇上知足知止，才能拥有和享受那种发自内心的快乐。

"不识五侯门"赞

人称"不可不常看"的《呻吟语》，是明代思想家吕坤的代表作。吕坤，历任知县、布政使、巡抚和刑部侍郎。他这部箴言体的小品文集，立足儒学，谈修身治国，论处世应物，言简意赅，影响极大，是中华传统文化经典宝库的一个宝藏。近日看了其中的两段文字，颇受启发。

其一，"权贵之门，虽系通家知己，也须见面稀、行踪少就好。尝爱唐诗有'终日帝城里，不识五侯门'之句，可为新进之法"。说的是，对于做官的人家，即便是至爱亲朋，也要少见面、少来往才好。我很欣赏唐诗中"终日帝城里，不识五侯门"那样的句子，可以作为新入仕之人的处世方法。文中的诗句出自唐代诗人张继的《感怀》："调与时人背，心将静者论。终日帝城里，不识五侯门。"诗的大意是，处世的调子与大家不同，心态也很平静。整天待在京城，却不认得王侯们的家门。

其二，"仕途上只应酬，无益人事，工夫占了八分，更有甚精力时候修正经职业？我尝自喜行三种方便，甚于彼我有益。不面谒人，省其疲于应接；不轻寄书，省其困于裁答；不乞求人看顾，省其难于区处"。说的是，仕途上只靠应酬，对处理人事没有好处，这里费了八分功夫，哪里还有精力和时间去做正经事？我自己常常喜欢三种方法，对人对我都有益。一是不去拜访人，省得别人疲于应对；二是不轻易写书信，省得双方为回信的事困扰；三是不乞求别人照顾，省得别人难以处理。

这两段话概括起来就是要求仕宦者做到"二不"：不巴结权贵，不过多应酬。以求凭真本事立身，专心致志干好正经事。

可以说，人生在世少不了迎来送往的应酬，这里面有必要的，也有非必要的，自古以来对此就褒贬不一。宋代陆游《晚秋农家》"老来万事懒，不独废应酬"则是赞同应酬交际往来的功效。而明代王锜《寓圃杂记》"或冗中为求者所迫，辄取旧改以应酬"，则视应酬为勉强应付的无奈之举。细想一下，必要的应酬，自古有之，乃人之常情，本无可厚非。但应酬一旦远远超出了必要的范围，变得越来越膨胀无度，甚至成为腐败的衍生物，就必须对它"刮目相看"了。在一些领导干部之间，诸如同学会、老乡会、战友会之类的聚会，多得数不胜数，这届那届的论来论去，热衷于搞小团伙、小圈子、小山头那一套，隔一段时间就聚一下，有时甚至一整天都泡在酒桌上，看似漫无目的，实则醉翁之意不在酒，这样做是要结交情谊，大交所谓的"铁杆朋友"，以联络感情，也好相互提携，相互关照，互通有无，易于上下打点，有的甚至因此形成了人身依附关系。更有的领导干部特别喜欢与商人交朋友，今天聚，明天聚，后天还是聚，以便收受商人贿赂更加"顺畅便捷"。这样看来，一些领导干部应酬过滥，不仅仅是吕坤所抨击的浪费时间和精力的问题，还涉及反腐倡廉的大课题。对那些热衷于通过应酬搭桥，大肆牟取钱财中饱私囊的贪官，无论是大老虎还是小苍蝇，应发现一个严惩一个。对有应酬过滥这类毛病的领导干部，则要以思想教育为主，使他们懂得应酬要有度，要尽量少应酬，能拒绝应酬，甚至不应酬。人生有很多应酬是在无端浪费自己的生命。应保持一颗平常心，平静而理智地珍惜自己的宝贵时间，用自己可以控制的时间去学更多的知识，去做更多的正经事。凭借自己的好品德、真本事在官场上打拼，不要总是指望通过应酬广交酒肉朋友，以期献媚。要知道这种"友谊的小船说翻就翻"，更要知道欠的账迟早是需要还的。要在生活中找到自我、认识自我，不要在应酬中被别人左右，失去做人的风度，有意无意地充当大小腐败行为的"皮条客"。从健康角度看，应酬过多还极易引发"酒精肝"，这已是不争的事实。看来无论于公于私，都必须把时间和精力从过滥的应酬中解放出来。心中时时都装着老百姓，精神饱满地为民众多干正事、好事，这才是人民大众对当今各级领导干部的热切期盼啊！

倚楼长歌旷达情

近日读宋词，被黄庭坚的《南乡子·诸将说封侯》所深深吸引，词中描绘的画卷很美，传达出的那种以旷达的情怀，对待功名富贵的人生观，更是启人心智。还是先欣赏这首词吧。

诸将说封侯，短笛长歌独倚楼。万事尽随风雨去，休休，戏马台南金络头。

催酒莫迟留，酒味今秋似去秋。花向老人头上笑，羞羞，白发簪花不解愁。

这首词是黄庭坚晚年的作品，是他对自己风雨坎坷的官宦生涯的总结，可谓是旷达意境写人生。黄庭坚从小就诗文超凡，名震四方，入仕后任太和县知县，宋哲宗时为校书郎，受命编修《神宗实录》，完成任务后被提拔为起居舍人，出任宣州、鄂州的知州。后遭人诬陷《神宗实录》写作失实，被贬为涪州别驾，被安置在黔州。宋徽宗即位后，黄庭坚被起用为太平州知州，上任仅九天因有人进谗言又遭罢免，被送至宣州管制三年,当再次将被流放到更远的永州时,黄庭坚就去世了。

这首词有三个特点:一是开头两句"诸将说封侯,短笛长歌独倚楼"。描绘了两个截然对立的形象:诸将围绕立功封侯的话题,侃侃而谈,互不相让。因为在封建社会中,封侯以求显贵,历来是从仕者追求的目标。作者却介然独立,和着笛声,倚楼长歌。短笛具有从容舒缓的特点,长歌能带来醒人神志的作用,超然之情全在不言之中,颇有一股"举世皆浊我独清,众人皆醉我独醒"的味道。

二是中间两句"万事尽随风雨去,休休,戏马台南金络头"。"金络头"是马笼头的美称,诗中则代指功名。这两句说的是,一切是非得失、升沉荣辱,都淹没在时光的波涛中,算了吧,即使是像宋武帝刘裕在彭城戏马台,与诸将欢宴重阳的盛会,也成为历史的陈迹而一去不复返了。诗人对功名富贵予以强烈鄙视,也流露出消极虚无的一面。

三是后几句"催酒莫迟留,酒味今秋似去秋。花向老人头上笑,羞羞,白发簪花不解愁"。作者立马转为开朗达观,过去的就让它过去吧,不因处境的凄惨和年事的增长而消沉,还是开怀痛饮,莫辜负这大好秋光和杯中酒,一个热爱生活、不服老的人物形象跃然纸上,插黄花于白发之上自得其乐,而花却笑他偌大年纪还要簪花自娱,表达了诗人笑傲人世的旷达之情。

翻翻典籍,旷达一词的由来有三:一是出自晋朝哲学家裴颜的《崇有论》:"是以立言藉于虚无,谓之玄妙;处官不亲所司,谓之雅远;奉身散其廉操,谓之旷达。故砥砺之风,弥以陵迟。"即创立学说凭借虚无的意旨,就被称为玄妙;居于官位而不亲临自己的职务,就被称为雅远;侍奉自身、疏略廉洁的操守,被称为心胸开阔。因此,磨炼节操与德行的风气更加衰落。这里没有正面回答什么是旷达,但驳斥了将不廉洁、不自律视为旷达的论调。

二是《晋书·张翰传》载:"翰任心自适,不求当世。或谓之曰:'卿乃可纵适一时,独不为身后名邪?'答曰:'使我有身后名,不如即时一杯酒。'时人贵其旷达。"这里的旷达含有放任不羁之意。

三是晚唐诗人司空图著有诗论专著《二十四诗品》,对诗歌的风格和意境加以细化,其中专有"旷达"一则:"生者百岁,相去几何?欢乐苦短,忧愁实多。何如尊酒,日往烟萝。花覆茅檐,疏雨相过。倒酒既尽,杖藜行歌。孰不有古,南山峨峨。"即人的一生不过百年,从生到死相去几何?欢乐的日子苦于太短,忧愁的岁月实在太多。还不如每天携带美酒,漫游烟绕藤萝的处所。鲜花覆盖茅草屋檐,微微细雨飘忽而过。待到饮酒已尽,持杖且行且歌。人生向来谁无死,唯有南山永巍峨。这里的旷达绝非颓废一族,指的是人生充满了苦难和伤痛,苦难需要调节,伤痛需要抚慰,必须对自己的精神追求、生活态度来一次大的改造,创造出一种优雅、舒适、充满美感的境界,不把世俗的功名富贵看得太重,只有把它置之度外,获得精神上的自由和解放,才能更好地享受生活。

看来心胸豁达,性格开朗,胸中自有定见,眼前自无抱怨,这就是旷达。进亦旷达,退亦旷达,喜亦旷达,忧亦旷达,这就是旷达的人生观。《南乡子·诸将说封侯》这首词表明,黄庭坚面对官场上诸多的不如意,做到了始终以旷达情怀泰然处之。然而今日的官场上不乏这类人——不论自己的能力、素质、品德如何，在一个位子上没干多久，椅子还没有焐热乎，就整天想着要功、要官、要赏，达不到自己快速升迁的目的，就怨声载道，牢骚满腹，怨天尤人，直至不惜以身试法，送礼行贿，花巨资来买官，当然最后必然是落得个鸡飞蛋打、身陷囹圄的下场，实在是可悲可叹。人们往往痛恨那些卖官者，其实买官者也同样可恨，如果买者都不买了，卖者还能张狂几时！一个想进步的干部，最紧要的是干好工作，积累经验；加强学习，提高素质；陶冶情操，修身育德。当然也要以适当的方式，向组织表明自己想进步、想多做工作的愿望。即使一时没有被重用，或几个回合也没有被提拔，也要有耐心再等，哪怕是不可能再被提拔了，也要正确对待。人生只有一次，千万不要把官职大小作为自己唯一的终极追求，更不要把物质利益、红尘中的美艳作为重要的追求，而是要以旷达的胸襟对待自己的官职，转而进入一种超然的人生状态，及时扳好人生的道岔，选好、选准适合自己的事情，把欣赏自然、养花种草、著书立说、热心公益事业、追求生命本身的舒适度等，作为生命中追求的重要目标，享受更大的人生乐趣。

羞于自炫求进

所谓"自炫求进",即自我炫耀以求升职,语出自《北史·崔挺传》。北海王详为司徒、录尚书事,"详摄选,众人竞称考第,以求迁叙,挺终无言。详曰:'崔光州考级并未加授,宜投一牒,当为申请。蘧伯玉耻独为君子,亦何故默然?'挺对曰:'阶级是圣朝大例,考课亦国之恒典。下官虽惭古贤不伐之美,至于自炫求进,窃以羞之。'"北海王详担任司徒、录尚书事时,主管对官员的选拔,很多官员争着夸大自己的成绩,希望借此升官,崔挺却一句话也不说。王详说:"崔光州你的考级并没有提升,你也应该递上一份材料,我理应为你申请。连蘧伯玉都以独做君子为耻,你为什么默不作声?"崔挺说:"官阶品级是皇朝的大事情,考核官吏政绩也是国家的恒久法典,对于夸耀自己的成就以求晋职的做法,我感到羞耻。"

翻翻《魏书》有关篇章得知,王详是北魏宣武帝元恪的宠臣,官至录尚书事,是个大贪官。《王详传》载,其"贪冒无厌,多所取纳。公私营贩,侵剥远近""贪侈聚敛,朝野所闻"。《高道悦传》记载,清河太守高双给录尚书事王详送去很多金宝，得以升任司空长史。王详向崔挺说那样的话，其实是在向崔挺暗示，让其向自己行贿买官。王详用"蘧伯玉耻独为君子"的典故，也证明了这一点。崔挺却偏偏不买王详的账，硬是将他的话顶了回去。

蘧伯玉是春秋时期卫国大夫，有贤能的美名，受到过孔子的盛赞。《孔子家语·弟子行》载，孔子曰："外宽而内正，自极于隐括之中，直己而不直人，汲汲于仁，以善自终。盖蘧伯玉之行也。"即"外表宽容而且内心正直，能自己矫正自己的行为，自己正直而不要求别人，努力地追求仁义，终身行善。这是蘧伯玉的品行"。而"蘧伯玉耻独为君子"这句话并非像王详所说，原来是叙述蘧伯玉的人格品行，是说做君子也不要一个人来做，还是要物以类聚、人以群分。正如孔子在《论语·里仁》所说："德不孤，必有邻。"即有道德的人不会孤单，一定有相邻的伙伴。后来这句话进一步引申为要影响和带动他人也能成为君子。《资治通鉴》第五十六卷就记载了一个有这种含义的故事：汉灵帝时党人案要犯张俭亡命，望门投止，藏于李笃家。外黄令毛钦手持兵器来到李家。李笃对毛钦说："张俭是个名士，难道你非要捉拿他不可？"毛钦抚摸着李笃的肩膀说："蘧伯玉耻独为君子，足下如何专取仁义！"李笃说："我虽仁义，但你今天已获得了仁义的一半。"于是，毛钦告辞而去。李笃便引导张俭逃到了塞外。

崔挺不仅不自炫求进，也不去拉关系搞圈子，更不去巴结权贵。《崔挺传》载："散骑常侍赵修得幸宣武，挺虽同州壤，未尝诣门。"即散骑常侍赵修被宣武帝宠信，崔挺虽然和他的籍贯是同一个州郡，却从不上门拜见。崔挺任昭武将军、光州刺史后，专心从政，恩威并举，州郡之内民风大为好转，百姓安居乐业。皇帝视察之后说："拥有兵权的人如果都像崔挺这样，我还有什么可忧虑的呢？"

崔挺为官还特别廉洁。担任官员30多年，没有多余的家产，饭食简单，不穿戴丝绸，家里的子女们和睦相处。崔挺要求孩子恭敬谦让，以孝为先。掖县有一人90多岁了，让人抬着他到州里拜访崔挺，自称少时曾在林邑当官差，得到一块美玉，一尺四寸长，非常有光彩，藏在海岛已接近60年了。如今遇到崔挺行德政，愿意送给他。崔挺说："吾虽德谢古人，未能以玉为宝。"即我虽然德行不如古人，但还是不能把美玉当作宝贝。派船跟随老人去寻取，玉的光彩果然像老者说的那样，崔挺最终还是不肯接受，于是上表将美玉送到京城。景明初年，崔挺离任到代州时，老百姓哭着追随，送给他丝绸礼物，他全都不接受。崔挺去世后，光州人无不怀念他，大家一起筹钱铸一尊八尺高的铜像，立在城东广固寺，供人祭祀。

其实，居功不自傲反而谦逊有加，是中华民族传统美德的重要组成部分。

《论语·雍也》载："孟之反不伐，奔而殿。将入门，策其马，曰：'非敢后也，马不进也。'"即鲁国大夫孟之反，不夸耀自己，军队往回逃奔，他却殿后掩护。将进城门，一面鞭打马匹，一面说："不是我胆子大敢殿后，是马匹不肯向前跑啊！"看来崔挺是坚守了这一美德。然而在今日有些地方的官场上，却出现了"会干的不如会说的，会说的不如会吹的"的现象。有的领导干部信口开河，满嘴跑火车，习惯吹牛，热衷于夸大自己的政绩，总是把GDP数值往大了说，将民生困难向小处讲，本没有做好做完的诸如保障房建设、扶贫攻坚、农民工工资保障等，都往已经高标准完成了的筐里装，有的竟然敢在人大会议上吹牛皮，以彰显个人所谓的施政能力和领导能力，欺世盗名以求早日升职。这种行为也是严重的腐败行为，它败坏的不仅仅是领导干部个人的形象，而且是党风和政风，丧失的是宝贵的民心，必须予以制止。要从规章制度上铲除"官出数字""数字出官"，吹牛造假反而受益的现象，不让领导干部讲假话、说大话，加大基层干部和群众参与政务的程度，重视民意调查，规范选举程序，逐步向"民意出官""实绩出官"方向努力。要彻底改变吹牛不上税的局面，一经发现严肃处理，加大吹牛撒谎的成本与代价，让那些吹牛皮说大话的干部没有市场，让他们不仅颜面扫地还要身败名裂，努力营造出一个领导干部实事求是，不敢吹、不能吹的政治生态。

以诗言志拒索贿

南北朝时期梁朝的到溉,官至尚书、侍中,特别受到梁武帝萧衍的欣赏与重用,后因病以散骑常侍的身份回家养病,人们还为他没有当上仆射(相当于宰相)而感到惋惜。《南史·循吏传》在序言中称"溉等居官,并以廉洁著"。

《到溉传》则讲述了一个以诗相赠、妙拒索贿的故事。

到溉自幼家贫,与弟弟到洽经常受到时任义兴太守任昉的赏识和提携。任昉还经常邀请到溉兄弟二人到义兴郡,三人一同游览山泽。任昉既是地方大员又是散文大家,回京任御史中丞后,受到当时年轻文人的推崇,如刘孝绰、刘苞、刘孺、陆翙、张率、殷芸,当然还有到溉、到洽兄弟俩,这些人是齐梁时代文学集团重要成员,对当时文学的兴盛做出了不可磨灭的贡献。他们几乎天天都到任昉处作诗饮酒,号称"兰台聚",名垂当时。《梁书·任昉传》载,任昉是个廉吏,天监二年(503),出任义兴太守。任昉在任期间清正廉洁,妻室儿女只吃粗米饭。"昉不治生产,至乃居无室宅。""家虽贫,聚书至万余卷。"任昉离任上船时只有七匹布、五石米的家当,回到京城竟没有衣服换，镇军将军沈约只好派人带了裙衫去接他。当朝大诗人、藏书家、兰陵太守王僧孺评价任昉，学问超过董仲舒、扬雄。以他人之乐为乐，为他人之忧而忧，其行为可以激励风俗，其品德可以淳厚人伦，能使贪夫不妄取，懦夫有所为。到溉更是个廉吏。《南史·到溉传》载："所莅以清白自修，性又率俭，不好声色，虚室单床，傍无姬侍……冠履十年一易，朝服或至穿补。"即在任时以清白自修，性情朴素节俭，不好声色，室内只有单床，旁边没有姬妾服侍。鞋帽十年一换，朝服有时穿到破烂缝补。任昉是到溉的师长，两人同朝为官，又都是文人廉吏，二人可谓是挚友。

到溉当了建安（今福建）太守后，任昉想向到溉索要当地特产"二衫段"，即两件锦绸制作的上衣，遂以诗赠之："铁钱两当一，百易代名实。为惠当及时，无待凉秋日。"大意是，我了解您平时的节俭，尤其是对名节的全力维护，望能及时馈赠我"二衫段"，不要等秋后天凉了再送就有些晚了。到溉也以诗相答："余衣本百结，闽中徒八蚕。假令金如粟，讵使廉夫贪。"说的是，我本是吃百家饭穿百家衣长大成人的，虽然当地一年之内收蚕丝八次之多，当太守也有购买锦绸衣衫的条件，但即使金钱多得如粟粒但我的心性也没有改变，怎么能让我由清官蜕变成贪官呢，衣服没有，赠诗一首，到溉硬是将有恩于他的师长小小索贿的要求回绝了。

写到这里感慨万千。按理说，任昉与到溉的关系那么好，又曾有大恩于到溉，只向到溉要一件当地的"二衫段"，不管怎样，这个要求并不高，也不算过分，更不能因此就说他有失廉吏的身份。用今天的标准来评判，这属于朋友之间正常交往的范畴。然而，到溉却用一首诗词将任昉给回绝了，是他太小气吗？是他不重视朋友感情吗？不是，都不是。从史料分析，一是到溉家贫，连鞋帽都十年一换，朝服也要补了又补，自己确实拿不出钱来购买价格不菲的"二衫段"送给任昉；二是如果要送那就只能占公家便宜，挪用公款购买，这样做又违背了到溉清白自修的本色，会毁掉他一世清廉的名声，这是万万不能的；三是到溉确信虽然没能及时送上"二衫段"，任昉也不会怪罪自己，因为任昉本身就是地道的廉吏，他应该知道自己是因为家贫买不起他索要之物。衣服虽没送，友谊仍长存。任昉去世后，到溉在悼文中深情地写道："哲人谢世，楷模长逝，借鉴安在？指途觅谁？"

今天在有些地方的官场上，有那么一些下级官员，整天琢磨着给上级领导送点大方得体能拿得出手的礼物，以讨得领导的欢心和赏识，根本就不用上级领导开尊口，更谈不上写诗相求了，当然所谓关系"铁"的就直接以金钱相赠了。有的领导喜欢艺术品，竟有人不惜花高价购买名画相送。难怪有的"大老虎"入狱后还抱怨说，是众多手下的人把我给送进来的。可以说，这些人与到溉相比，差就差在自己本身就不是个廉洁的官员，他们或是从下级手中收受钱财，再往领导兜中塞，源源活水不断线；或是一门心思往上爬，政绩如何、民众如何评价都可以不管，但上级领导可得巴结好，这样晋职晋级才不能落在别人后头。党的十八大以后，上述现象得到了很好的整治，上级领导不敢收、下级官员不敢送的氛围已经初步形成。作为一名下级官员，是要维护好和上级领导的关系，但底线是必须做到"亲"与"清"，对上不献媚、不送礼、不勾肩搭背，往来关系清清白白。要把心思都用在干事业上，用在为人民服务上。更要切记公家账上的钱再多，也不是自己的，绝不可以随便拿出来给上级领导当作贿选买官的资金。想进步想上进，修好思想品德，拿出过硬的成绩来，千万别再指望通过搞歪门邪道，取悦上级领导来升官。

五不州官显操守

何远，南北朝时期人，在南梁当过武康县令、武昌太守，也任过朝廷要职，一直都清正廉洁，想百姓所想，为百姓谋利，恪守为官之道，尤其是在面对诸多诱惑的时候，始终不改自己的廉洁之心，与家人一道甘愿忍受清贫之苦。《梁书·何远传》向人们展示了这样一个感人的州官形象。

第一，不占百姓一点便宜。何远迁任武昌太守。武昌民间都饮用长江水，盛夏时节，何远嫌江水热，便经常用钱买百姓家里井中的凉水，如有人不收钱，则将水还给他。其他事情也多是如此。他的车辆与服饰尤为简朴，所用器物没有铜制品或漆器。江南盛产水产品，水产品十分便宜，但何远每顿饭不过吃干鱼数片而已。

作为地方大员，饮用民众的一点井水，算不上什么事，何远却要"小题大做"非交钱不可，这似乎有点过了，但这正是其最大的优点，他是想以此堵住哪怕是一丝小小的缺口，不给贪占的欲望一丝可乘之机。因为他深知这道门一旦打开，就会从占小便宜开始，发展到无所不敢贪占，一发而不可收。

第二，不媚上。何远被提为镇南将军、武康县令，他廉洁为公，深受百姓赞赏。太守王彬巡察属县，诸县都以盛宴款待王彬。到武康后，何远只为王彬备下干粮和饮用水而已。王彬离去时，何远送他到县境，送上一斗酒、一只鹅作为临别赠礼。王彬与何远开玩笑说："你的礼物超过东晋时的吴兴郡太守陆纳，他招待朝廷首辅谢安仅设茶果而已，临别毫无所送，你这样做恐怕会被古人讥笑吧！"

上司来视察，摆宴席招待、送大礼，古今都一样。这是因为下级认为此时是讨好上司的绝佳机会，其目的不外乎是求得日后官运亨通，或自己有贪腐问题，需要上司加以袒护；或生怕招待不好，导致在检查中被横挑鼻子竖挑眼；更有的官员借此机会大肆向民众摊派以据为己有。还有一个重要原因，反正花的全是公款，又不用掏自己的腰包，何乐而不为？何远以俭仆待上，送斗酒只鹅，实在是难能可贵。

第三，不积财。何远在任时，喜欢开辟街巷，修整墙屋，小至百姓住宅、交易市场，大至城墙堑壕、马厩仓库等，他都像经营自己的家业那样。他应得的田秩俸钱，一概不取，到年底时，选择最穷困的百姓，作为他们的税款。他轻财好义，乐于周济别人。何远所到之处，百姓都为他建立生祠。

为官者只有自己不贪不占不积财，才能更多地为百姓利益着想，何远在这两方面都做到了。如此先人后己，且常年坚持，确非一般人所能为。当然，指望为官者都来用自己的薪水去扶贫济困，在当今社会很难做到，也不现实，但主政者要像经营自己的家业那样，用好权、花好钱、办好事，全心全意想百姓所想，为百姓谋利，则是必须的。

第四，不受赠。何远为人耿直清高，不徇私情，杜绝请谒，也不拜访别人，就连亲朋之间的馈赠，也丝毫不受。他的清廉公正，确实是天下第一。他先后出任数郡的太守，见到的各种诱惑可谓不少，但他始终没改变自己的廉洁之心。他的妻子儿女饥寒交迫，如同贫民一般。

官员要想做到不受贿，不是嘴上喊喊口号，纸上写些保证的文字，就能办到的。必须像何远那样，面对诱惑，心有定见，不生贪欲，甘愿清贫，从拒绝私人宴请请托、拒绝来自亲朋的馈赠、拒绝拜访他人等具体事情上做起，形成习惯，并以此为常态。

第五，不说假话。何远经常与别人开玩笑说："你如果能抓住我说一句假话，我就给你一匹细绢作为酬谢。"大家都十分注意他的一言一行，却始终没有发现他说过假话、失过信。说话从不虚妄，是出于他的天性。

俗话说，泥人经不起雨淋，假话经不起对证；一次说了谎，从此人不信；说谎是堕落的开始。这些讲的都是说假话的危害。但是，现实中有些地方的官员说套话、大话、空话、官话甚至说假话的大有人在，究其原因，可能是官场待久了习以为常；可能是不大会说贴近百姓生活的话；可能是为了掩盖某种事情真相；也可能是"假话出官、官出假话"使然。其实，党员领导干部要讲实话、真话，决不能说假话，这是基本的政治要求、纪律要求，也是对党忠诚、敢于担责的体现。如果连这一点都做不到，还何谈取信于民、执政为民！

位高责重为国忧

李愚,字子晦,出生于唐朝末年,经历了唐朝、后梁、后唐三个朝代,在后唐任职期间官至宰相。尽管后唐朝廷只延续了十几年,李愚担任宰相也不到十年时间,但他做官清廉、秉公尽职、直言敢谏、刚正不阿,尤其重视儒家经典的传播,是后唐出现"政皆中道,时亦小康"中兴局面的助推者,堪称乱世中难得的贤相。

一、少年好学德高尚

李愚出生在书香世家,还是儿童时,就谨慎持重,和一般孩子不同,年纪稍大便立志向学,遍读经史著作。他非常仰慕春秋时期齐国名相晏婴的学识和为人,曾为自己取名为晏平。李愚写文章崇尚大气,有韩愈、柳宗元之风。平素举止端庄,风度峻严,为人谨慎寡言,从不说非礼的话,行为也不苟且随便。

李愚能官居相位,与其深厚的学识和高尚的品德有关。后梁乾化三年（913），后梁末帝朱瑱即位。朱瑱非常欣赏有学问的人。有大臣推荐李愚，称其学问深、熟知经史，并且有春秋时期卫国大夫史鱼秉直、敢谏，蘧瑗自觉检讨过失、不畏强暴、力求上进的品行。后梁末帝召见李愚后，非常高兴，封李愚为左拾遗，不久加封他为崇政院直学士，直接参与谋划朝政大事。

后唐取代后梁后，仍有多位朝臣向后唐庄宗李存勖称颂李愚的节操气概，并说李愚所写的文章《仲尼遇》《颜回寿》《夷齐非饿人》等，北方人见了都叫好。后唐庄宗便征召李愚为翰林学士。到后唐明宗李亶即位后，很快就拜李愚为中书侍郎、平章事，转集贤殿大学士。

二、公允处事显直道

李愚为官庄重正派，不畏强暴。一次，衡王朱友谅入朝，朝中重臣李振等都向他磕头，唯独李愚仅仅拱手作揖而已。后梁末帝责备李愚："衡王是我的哥哥，就连我都要向他下拜，崇政使李振等人也都向他下拜，你竟这么傲气！"李愚答道："陛下以家人之礼待兄长，李振等人是私臣。我身为朝官，与衡王素无往来，怎么敢献媚行事。"李愚就是如此不屈从权势之人。

晋州节度使华温琪在任期间，违法乱纪、聚敛民财，没收了一户百姓的家财，被这家人告到朝廷。朝廷派人查办后，证据确凿，李愚要按律将华温琪治罪。后梁末帝念华温琪是后梁政权草创时期的大臣，不忍责罚，急召李愚说："朕若不予追究，会说我不把百姓当回事；若按法律行事，会说我不念及功臣。作为你们的君主，不也是很为难吗？华温琪所得赃物，由官府代为偿还。"但李愚还是据理力争，使华温琪受到了应有的惩罚。

贞明四年（918），通事舍人李霄的佣人殴打宫人致死，法司按照刑律得出结论：罪在李霄。李愚说："李霄没有亲手殴打死者，是佣人打死了人，怎么能牵连主人呢！"于是多次上奏，终使李霄免于刑罚。

后唐闵帝李从厚即位后，立志施行德政，刚刚改了年号，就请学士读《贞观政要》《太宗实录》，有意在政治上有所作为。李愚私下对同事说："吾君延访，少及吾背，位高责重，事亦堪忧，奈宗社何！"即我们的国君引见咨询，很少找我们这些人，我们"位高责重"，国事也值得担忧，国家将怎么样呢？因当时政局动荡，同僚都害怕祸及自身而不敢说话，唯有李愚忠心为国为君敢于直言。

三、雕版"九经"永传世

李愚与冯道等人，于后唐长兴三年（932），奏请以雕版印刷儒家经典，这开创了中国官方大规模印刷儒家经籍的先河。

虽然早在隋朝后期就已产生了雕版印刷术，即在木板上粘贴书稿，用刻刀削去无字部分，再涂上墨汁覆纸其上，字迹就印在纸上了。但当时文人的普遍看法是，手抄一遍胜过口读十遍，因此流传的经籍仍以手抄本为主，雕版印刷虽已发明，却未能得到很好的运用和发展。到了唐代，对于儒家经典的传播，采用了刻制石经的办法。太和四年（830），唐文宗接受国子监郑覃的建议，由艾居晦等人以楷书书写，花费七年时间，到开成二年（837），刻成《开成石经》，立于国子监内。刻石由114块巨大的青石组成，每块石碑有两米多高，碑上共刻了65万多个字，内容包括《周易》《尚书》《诗经》《周礼》《仪礼》《礼记》《春秋左氏传》《春秋公羊传》《春秋穀梁传》《论语》《孝经》《尔雅》等十二经。其目的就是纠正以传抄方式记录经典文字造成的混乱和笔误，防止影响科举考试的严肃性，保证经典的准确性。对于这件事，《旧唐书·郑覃传》记载较详细："时太学勒石经，覃奏起居郎周墀、水部员外郎崔球、监察御史张次宗、礼部员外郎温业等，校定九经文字，旋令上石。"

而《旧五代史·冯道传》记载："时以诸经舛缪，与同列李愚委学官田敏等，取西京郑覃所刊石经，雕为印版，流布天下，后进赖之。"说的是后唐明宗时，宰相冯道、李愚，请示让国子监学官田敏等人，以唐朝郑覃的《开成石经》为据，采用雕版印刷术，印制出售九经。刻印儒家经书是有利于千秋万代的大业，不然经书年久失散，对朝廷来说就是莫大的罪过。后唐明宗同意。雕印儒经的工作，从后唐长兴三年（932）开始，到后周广顺三年（953）才全部完成，历经后唐、后晋、后汉、后周四个朝代，用了21年的时间，共印经书12部。《资治通鉴》卷291记载：刻板完成，进献朝廷。从此，虽然世道大乱，但九经的传布仍然很广。李愚雕版九经得到后人称赞，此举以后"天下书籍遂广"。

四、"布衣"宰相廉洁情

《旧五代史·李愚传》载:"愚初不治第,既命为相,官借延宾馆居之。尝有疾,诏近臣宣谕,延之中堂,设席惟管秸,使人言之,明宗特赐帷帐茵褥。"(《职官分纪》云:长兴四年,愚病,明宗遣中使宣问。愚所居寝室,萧然四壁,病榻弊毡而已。中使具言其事,帝曰:"宰相月俸几何?而委顿如此。"诏赐绢百匹、钱百千、帷帐什物一十三事)李愚生活十分俭朴,以身作则。被封为宰相后,不是急着为自己建造相府大宅,而是借住于馆驿,被朝野人士称为"布衣"宰相。有一次,李愚得病,后唐明宗李亶派近臣前去探视问候,近臣看见李愚的屋里四面墙壁上根本就没有什么装饰,病床上也只有一条破毯子,回去后便向李亶如实汇报。李亶听后很受感动,下诏赐李愚绢百匹、钱百千、床上的铺陈之物13件。

李愚还辅佐后唐明宗改革了自后唐庄宗以来的一些弊政,撤销了"诸道盐运使、内勾司、租庸院大程官"等一些有名无实、可有可无的机构。在整肃吏治的同时,采取了一些利民措施,如颁布敕令:"州府不得科率百姓",废除"纽配""省耗"等变相增加的税赋,对高利贷的盘剥也下令加以限制。这些改革措施,有力地推动了当时社会的发展。

李愚那句"位高责重"的感慨,让人读后念念不忘,时至今日这句话仍然是各级领导干部必须牢记的名言警句。越是位高权重的人,越是要认清自己承担着对国家对党对老百姓的重大责任。这种责任不仅是指那些分内应做的事,还理所当然地包含一些共性的责任，比如早日成为本职工作上的行家里手，要为人师表、勇于担责等。从任职的那天起，就要看到自己在能力和水平上的差距与不足，看到身上肩负的沉重责任和义务，严于律己，时时自重、自省、自警、自励，永葆共产党人的政治本色，牢记为人民服务的宗旨，时刻不忘忧国忧党忧民，处处保持吃苦在前、享受在后的好传统，永远当一个廉洁、勤政为民的好官。

要学韦睿哪些作风

韦睿是南朝梁武帝当政时的名将,他有智有谋、能攻善守、为人谦虚、不谋私利、关爱士兵、作风务实,是梁武帝征讨四方、平定天下的有力助手。毛泽东对韦睿称赞有加,读《南史·韦睿传》时,竟批注20多处,还特别写道"我党干部应学韦睿作风"。近日读了《毛泽东评点二十四史》和《南史·韦睿传》发现,韦睿的过人之处不仅在于军事方面,更在于他的品格和修养,笔者围绕应学习韦睿的哪些作风,做了一点浅显的思考。

从思想作风上看,韦睿是个实干家,他从不夸夸其谈,注重调查研究,一切从实际出发。他一生指挥过很多战斗,每次都亲临战场进行视察,摸清敌情,权衡筹措,然后再指挥作战。如天监四年(505),韦睿率军伐魏,攻打小岘城,"睿巡行围栅"。战前韦睿亲自到魏军城防栅栏处探察敌情。城中忽然冲出数百人列阵。韦睿认为,魏军人少本应坚守,现在突然出城,一定是一些勇悍的士卒,击败他们,敌军的士气也就垮了,城池将不攻自破。于是韦睿挥兵出击,打败了出城的魏军，次日便攻克了城池。进攻合肥时，"睿案行山川"，韦睿又考察山川地势，决定实施以汾水淹灌城池的战术，迅速拿下合肥的东、西两座小城，使合肥更加孤立无援。毛泽东对韦睿亲临战场进行探察的做法非常赞赏，在《韦睿传》"睿巡行围栅"处画圈，批注"躬自调查研究"，在"睿案行山川"处又一次写下批注"躬自调查研究"，并在"躬自"两字旁画了双圈，以强调"躬自"在调查研究中的重要性。

从工作作风上看，韦睿冲锋在前，退却在后，团结将领，关爱士兵，忠心耿耿，尽职尽责。在攻打合肥的战斗中，魏军五万人杀来，欲解救被围困的城池。梁军将士多有所畏惧，纷纷想撤退。韦睿说"将军死绥，有前无却"，将军应战死沙场，只能前进不能后退，韦睿下令取来他的旗帜仪仗，立在前沿，表示绝无退意。在他的号令下，众将士奋力作战，最终大获全胜。毛泽东在《韦睿传》"督励众军"等处，两次批注"将在前线"。韦睿的部将胡景略和赵祖悦关系紧张，虽一同参战，但经常相互陷害。韦睿认为将军不和，将会招致祸患，便亲自斟酒劝解二人，希望他们俩不要再为个人而争斗。因此，二人在攻取合肥的战役中能够相安无事。毛泽东在《韦睿传》"且愿两虎勿复私斗"处批注"干部需和"。韦睿所到之处，营房都井井有条，馆舍和防务工事都标准规范。韦睿每天白天接待宾客忙于军务，夜里处理军事文书，三更就起身点灯直到天亮，觉得好像自己做得还不够，因此吸引了很多人才到他这里来。毛泽东在《韦睿传》"故投募之士争归之"处批注"劳谦君子"。韦睿身上有世人少有的风度，待人以仁爱恩惠为本，到哪里任职都有很好的政绩。士兵的营帐没搭好，他就不去睡觉,井灶没有挖成,他也不肯自己先去吃饭。他穿戴像个书生,即使是临阵交锋,也穿着宽松的官服,乘车而行,手执竹子做成的如意,指挥大军的进退。"我党干部应学韦睿作风",就是毛泽东在《韦睿传》"亦不先食"处所批注的。

从生活作风上看,韦睿淡泊名利、豁达大度、廉洁为公。韦睿年少时,他的表兄杜幼文担任梁州刺史,邀请韦睿一起赴任,也好让其历练历练。而杜幼文是个大贪官,贪污受贿、吃喝玩乐无所不干。韦睿每日跟随在他身边,却能出淤泥而不染,以清廉自守而知名。合肥之战,梁军大获全胜,缴获大量辎重布帛,韦睿将其毫无保留地充作军饷,不取分毫。钟离之战大胜,缴获物资堆得像熊耳山一样高,韦睿依旧将其列于营门之前,交予劳军使者如数上报朝廷。毛泽东在《韦睿传》"无所私焉"处批注"不贪财"。韦睿功高盖世,但他却从不恃功自傲,相反总是见了功劳就躲,见了利益就让。钟离之战胜利后,曹景宗和其他诸将争先恐后地向朝廷请功邀赏,只有韦睿独居其后,默不作声。钟离守将昌义之十分感激韦睿,宴请曹景宗和韦睿之后,又拿出20万钱作为赌注,让他们二人掷骰子。曹景宗掷了个"雉",韦睿掷的是"卢",按理"卢"该赢"雉",20万钱本该归韦睿,但韦睿却赶紧拿过骰子,又掷出了"塞"这个输彩,钱自然装进了曹景宗的腰包。韦睿生性慈爱,抚养其哥哥的遗孤比抚养自己的儿子还用心,历次做官所得的赏赐,都分给亲朋故友,家无余财。毛泽东在《韦睿传》"性慈爱"处批注"仁者必有勇"。

时至今日,韦睿"躬自调查研究"的精神,仍然值得各级领导干部学习效法。"躬"就是恭恭敬敬,放下身段,虚心地向实践、向群众、向基层学习。

"自"就是亲自出马上阵,不是动不动就请秘书或下属代劳,自己用现成的。

"调查研究"就是既要调查又要研究,靠求真求实来求招。现在有的领导干部下乡调研,或目的不明确,抓不住重点,满足于一知半解;或人虽下乡了,却连老百姓家的凳子都不愿意坐一下,到哪里都是官腔十足,满嘴官话、套话、空话,根本就不会说老百姓能听得懂的话;或只看"盆景式"的东西,蜻蜓点水,浅尝辄止;或出发之前就已拟好此次调查研究报告的草稿,下乡只是应付上级检查,做做样子,走走过场,自欺欺人而已。其实,只要心里装着人民群众,确实要为民众解决困难,就自然会注重调查研究,深入田间地头、厂矿车间和农家院,与老百姓拉家常、唠实嗑,进而找到解决民生问题的最好途径。

决不掺和鸿都之事

裴昭明，是为《三国志》作注的大学者裴松之的孙子，南北朝时期宋、齐的州郡长官。裴昭明学识渊博，廉洁为官，《南齐书》中，虽然没有记载他有什么了不起的政绩，但所记录的他说的两段话，还是让历史和后人记住了他。

一段话是："昭明历郡皆有勤绩，常谓人曰：'人生何事须聚蓄，一身之外，亦复何须？子孙若不才，我聚彼散；若能自立，则不如一经。'故终身不治产业。"说的是，裴昭明历任好几郡长官，都有勤劳的政绩，他常常对人说："人生有什么事需要积蓄财物呢？除了自身之外，你还需要些什么呢？子孙如果没有才能，我积蓄财物也会被他们散失殆尽；若想子孙能够自立，不如使他们精通一种经书。"所以裴昭明一辈子都不经营、积聚产业。裴昭明不管在哪里任职，等到任满还都，都贫困得几乎一无所有。对此，连齐世祖萧赜都感叹："裴昭明任职期满回来，连住宅也没有。我不太熟悉历史，不知道古人中有谁能和他相比？"看来在这位皇帝的眼中，裴昭明就是有史以来，最为廉洁的官员了，这个评价可谓不低。

另一段话是:"元徽中,出为长沙郡丞,罢任,刺史王蕴谓之曰:'卿清贫,必无还资。湘中人士有须一礼之命者,我不爱也。'昭明曰:'下官忝为邦佐,不能光益上府,岂以鸿都之事仰累清风。'"说的是元徽三年(475),裴昭明出任长沙郡丞,任满时,刺史王蕴对他说:"你很清贫,一定没有回去的路费。湘中人士中如果有馈赠礼物给你而求职的,我是不会吝啬的。"裴昭明说:"下官愧为此郡的辅佐,不能够对长官您有所帮助为您争光,怎能因为卖官鬻爵的事情连累您清正的名声呢?"

这里涉及一个典故:鸿都之事,现特指卖官鬻爵以求财货。这个典故来自《后汉书·崔寔传》:"(汉)灵帝时,开鸿都门榜卖官爵,公卿州郡下至黄绶各有差。"

其实,翻翻《后汉书》《资治通鉴》等史籍的相关内容,发现东汉灵帝刘宏不是在鸿都门,而是在御花园设立"西邸"机构来卖官鬻爵的。《后汉书·灵帝纪》载:"始置鸿都门学生。""是岁,卖关内侯,假金印紫绶,传世,入钱五百万。"这里没有写明卖官爵的具体地点,并没有把卖官鬻爵与鸿都门直接联系起来。《资治通鉴》卷五十七载,光和元年(178),灵帝设鸿都门学校,下令学生全部由各州、郡、三公推荐征召。这些被征召的学生有的被任命为州刺史、郡太守,有的入皇宫担任尚书、侍中,有的被封侯。有节操和有学问的人,都以和这些人为伍感到羞耻。尚书令阳球上书说:"鸿都门的文学之士,怪诞诈伪花样百出,请废止鸿都门文学的推荐和选拔。"奏章呈上后,灵帝不理。同年,汉灵帝又在御花园中开设"西邸"机构,公开出卖官爵,按照官位高低收取数额不等的钱财。俸禄为2000石的官卖钱2000万，俸禄为400石的官卖钱400万。凡是卖官所得的钱，在西园另外设立一个钱库贮藏起来，作为皇帝的私人积蓄。从以上记载看，鸿都门学校不是什么好地方，所收的人也不是正儿八经的学者，但卖官鬻爵却不在此地，是在后来新开设的"西邸"。由于鸿都门学校本身声名狼藉，加之《崔寔传》又有"开鸿都门榜卖官爵"的字样，后人干脆就将卖官鬻爵之事与鸿都门联系在一起。

裴昭明的上述这两段话，是互为因果的，正是有"人生何事须聚蓄"的情怀和定力，才会"终身不治产业"，更不会去掺和"鸿都之事"。古人所称的卖官鬻爵，今日被人们直呼为"买官卖官"，它是所有腐败中最大的腐败，广大民众对其恨之入骨。然而，各地的官场上却有一些人乐此不疲。一些有选人用人权的官员向外卖官，从零售到批发，明码标价，收入全部归己。一些没有选人用人权的官员，便投机钻营，充当掮客，帮人上下打点，自己则从中捞取好处。这些为买官卖官的邪火加薪煽风的人，同样可耻可恨，也必须在反腐败斗争中对这些人给予充分揭露和严厉打击，使热衷于买官卖官的那些官员被彻底孤立起来，成为孤家寡人，生意凋零直至"破产"。

一身正气威自生

尹翁归,西汉著名的廉吏,无论是当小狱吏,还是当郡太守,都清廉自守,所在"皆大治"。《汉书·赵尹韩张两王传》称:"翁归抱公洁己,为近世表。""元康四年(前62)病卒。家无余财,天子贤之。"而本传记载的尹翁归与当朝廷尉于定国交往的趣事,更让人看到了他身上所具有的超凡的人格魅力。

尹翁归被"征拜东海太守,过辞廷尉于定国。定国家在东海,欲属托邑子两人,令坐后堂待见。定国与翁归语终日,不敢见其邑子。既去,定国乃谓邑子曰:'此贤将,汝不任事也,又不可干以私。'"

说的是,尹翁归被任命为东海太守,赴任前拜访辞别廷尉于定国。于定国老家就在东海郡,他想把两个与他同乡的孩子托付给尹翁归,以便被关照,于是让这两个晚辈藏在后堂等待机会出来拜见尹翁归。于定国与尹翁归谈论了一整天,始终未敢让这两个孩子出来拜见尹翁归。尹翁归离开以后,于定国对这两个同乡晚辈说:"他是个贤良的好郡守,你们没有能力在他手下任职，不能用私情去请求他。"

于定国时为廷尉，位列九卿，为最高司法官，后官至丞相，可谓当朝重臣。就是这样一位高官，却不敢于或是不好意思向尹翁归这样一个刚要上任的小小郡太守张口言请托之事。这到底是为什么？除了于定国本身就是一个好官的因素外，应该说还是因尹翁归身上所散发的凛然的正气以及于定国对尹翁归以往为政风格的了解，使得于定国始终没能张开尊口。因为，于定国与尹翁归谈了足足一整天，尹翁归一直"语不及私"，所谈论的都是忠君报国、治郡安民的事情，向如此"一本正经"的尹翁归谈私情走后门，于定国自然感到不合时宜，很难启齿。尹翁归的政绩虽然多是发生在东海太守的任期中，但在此之前，尹翁归已崭露头角，优秀品格初显。本传中反映出尹翁归有以下优秀品格：

一是不畏强权。尹翁归幼年丧父，依靠着叔父过活。成年后，他当了一名小狱吏。尹翁归通晓法令条文，又练得一手好剑术。当时大将军霍光主持朝政，霍家人住在平阳，家奴门客经常手持兵器进入街市斗殴闹事，原来的主管官员对他们无可奈何。尹翁归做了街市的主管官员后，法治严明，吓得这些不法之徒都老老实实，不敢再来捣乱。

二是廉洁自守。尹翁归为官清廉公正，谁送礼也不收，那些商人和市井无赖之徒都畏服他。

三是治县有方。尹翁归被提拔，担任督邮的职务。当时河东郡二十八县分为汾北、汾南两部。尹翁归主管汾南一部。尹翁归检举揭发他人时都符合法律规定，掌握违法者的犯罪事实，那些受到惩处的官吏自知罪有应得，个个都心服口服没有怨言。他被推举担任缑氏尉，历任郡中之职，所到之处都治理得很好。

以上三种品格，即不畏强权、廉洁自守、治县有方，再加上语不及私，形成了尹翁归一身正气、光明磊落、刚正不阿、以正压邪的人格魅力，足以让人生畏。正所谓一身正气龙虎惧，不畏强权鬼神惊。在这样的官员面前，于定国只好选择沉默；在这样的官员面前，那些恶吏和恶霸，自然也会恐惧万分。尹翁归到东海后，迅速将郡中的恶吏及奸猾之徒的情况了解清楚，让各县一一登记造册，亲自处理各县政事。东海郡下属的郯县有个豪绅叫许仲孙，势力很大，经常扰乱吏治，为害乡里。前几任太守几次想治他的罪，都被他凭借着势力狡猾地逃脱了。尹翁归查明许仲孙犯罪的铁证后，不畏强势，将其论罪斩首。人们敬畏尹翁归的威名，佩服他秉公办事，不敢再违犯禁令，下属官吏及民众还纷纷效法太守的品行，整个东海郡风气大为改观。

尹翁归的事迹影响很大。晋朝郑默，历任廷尉、太常、大司农等职，为官清廉自守，被人誉为"似尹翁归"。《晋书·郑默传》载，郑默任廷尉后，当时朝廷因鬲令袁毅犯有勾结、串通贿赂罪，大兴刑狱。在朝官员多受牵连，只有郑默因洁身自好而没有事。当时仆射山涛想举荐一个亲戚任博士，对郑默说："卿似尹翁归，令吾不敢复言。"

看来，一个官员的人格魅力就是一种自然征服力，它是领导者权力影响之外的，既能让下属和群众敬佩信服，也能让上级领导佩服与认可的内在力量。

靠这种人格魅力树立起来的威望是长久永恒的，仅靠手中握有的权力形成的威望只是暂时的。而领导者的这种人格魅力，绝不是仅仅靠嘴皮子吹出来的，更重要的是行动上要做得好。尹翁归如果不是政绩过硬，于定国绝不会把他当"贤将"对待。今天强调各级领导干部要忠诚、干净、有担当，要为民、务实、清廉，哪一条不是要付诸行动且要坚持做好的？光靠嘴上说说，不付诸行动，对于人格魅力的形成，是一点用处也没有的。更不用说那些"两面人"的领导干部了，台上说得天花乱坠，台下搞得乌七八糟，连起码的人格、脸面都不要了，还谈什么人格魅力！

李下无蹊

李下无蹊，既是成语，又是一句唐诗。古谚称"桃李不言，下自成蹊"，是说桃树李树虽然不会说话，但桃子李子成熟了，人们会不期而至，树下自然就被踏出一条路。唐朝时人们反用此古谚语，改李下成蹊为"李下无蹊"，以称颂李至远等人秉公选举，以致无人敢走私门。《全唐诗》载，《时人号李至远语》："至远知选，胥吏肃然敛迹，时人号云：'李下无蹊。'"

李至远，唐朝人，官至吏部侍郎、州刺史，为人正直、嫉恶如仇、公道用权、正派选人。《新唐书·循吏列传》记载了他的事迹：李至远，"迁天官侍郎，知选事，疾令史受贿谢，多所绌易，吏肃然敛手。有王忠者，被放，吏谬书其姓为'士'，欲拟讫增成之，至远曰：'调者三万，无士姓，此必王忠。'吏叩头服罪。"说的是，李至远于长寿二年（693）被任命为吏部侍郎，因武则天将吏部改为天官，所以称为天官侍郎，主管官吏铨选事务。所谓铨选，指选官制度，唐五品以上官员由皇帝任命，六品以下官员除员外郎、御史及供奉官外，文武官员分别由吏部、兵部按规定审查合格后授官。李至远憎恨令史受贿卖官，罢免更换不少这样的令史，令史有所收敛。有位叫王忠的官员，考核选调时被除掉。令史却将其王姓写成"士"，意欲在批授官职后再改成"王"。李至远审查后说：选调官职者3万人，根本就没有士姓，此人一定是王忠。令史叩头承认所犯罪行。

　　李至远的这件事影响很大，后世有多部典籍记载此事，只是情节略有不同。《太平广记》第185卷《铨选一》载：如意元年（692）九月，天官郎中李至远署理侍郎职务。当时有待选的人姓刁，还有一位王元忠，一起被外放。于是他们私下跟令史相勾结，重新填报，减少姓氏笔画，刁改成丁，王改成士。打算在批示任官之后，添上笔画再改过来。李至远一眼便识破其中的伎俩，说："今年待选官员超过万人，我都记得，哪有姓丁和姓士的人，这不是刁某和王某吗？"吏部的官员们都认为李至远英明。宋代桂万荣写的古法医学书《棠阴比事》共记述144个诉讼案例，均以四字为题，专有《至远忆姓》的故事，以赞美李至远记忆超群。南宋郑克的《折狱龟鉴》也以李至远"视调者姓，察令史奸"为题，记述了这个故事。

　　今天读这个故事，自然要探讨李至远为什么能够做到如此。从史料来看，大体上原因有三：一是出于公心，为国为民。李至远从小就饱读诗书，未见到杜预的《释例》而作《左氏春秋编记》，虽没看到竟与之"大趣略同"，入仕后几次上奏，其浓浓的忧国忧民情结，深得高宗李治的赏识。《全唐文》载李至远所作"唐维州刺史安侯道碑"，有这样的赞语"至公至平者"。纵观李至远的所有政绩，至公至平应该是其一生的不懈追求。主管选官任官事宜，当然要公道、公平用人了。用人不公,是最大的不公,以贿取人、卖官鬻爵,更是腐败之首,贻害无穷。一旦钱财胜过德才,坏人必然压倒好人,官场环境就会污秽不堪,政治生活就将陷入极度混乱之中。从古到今,概莫能外。

二是自身干净,敢抓敢管。李至远自己做到了凭本事当官,由小官升至大官,不去低头向提拔自己的大员致谢,当然更是无比厌恶那些买官卖官之徒了。《旧唐书·良吏列传》载,李至远"长寿中为天官郎中。内史李昭德重其才,荐于则天,擢令知流内选事。或劝至远谢其私恩,至远曰:'李公以公见用,岂得以私谒也。'竟不谢"。李至远主持选官事务后,敢抓敢管,严抓严管,立即罢黜了一批利用选官之机搞各种名堂,以谋私利的属下官员,以纯洁选人的工作班子,对仍在顶风作案的官员则严加惩处。由此联想近年来所揭露的湖南衡阳、四川南充、辽宁省系统性贿选案,有人明目张胆拉票贿选,有人堂而皇之收受财物,有人穿针引线充当掮客,违犯法律纪律的严重程度令人震惊。检查起来,主要领导和主管领导本身就在卖官受贿,所以也就无法防止拉票贿选的问题了。

三是认真仔细,一丝不苟。官当得再大,工作也不能完全放手,当个甩手掌柜可不成。李至远,堂堂吏部副长官,竟对涉及调动的3万人的情况,做到心中有数,有什么姓氏,没有什么姓氏,都弄得一清二楚,甚至对搞名堂的是何许人也,也心里有数,实为不易。这并不是李至远有多么高明,而是他工作认真仔细,不当"甩手掌柜",对选人用人的任何一个环节都明明白白、清清楚楚。再看看涉及人大代表贿选案的几个省、市,恐怕当时的主管领导,即使自身没有受贿问题,是个清廉的干部，可能也是个糊涂官、懒散官，失职失察，只是大概看看名册，粗略地知道一点情况，不认真核实、审查、把关，对私底下的金钱贿选交易更是全然不知，只会在台面上哼哈点头、按表决器而已。官当到这个份儿上，悲哀，实在是悲哀！

于成龙屡荐廉能吏

随着央视鸡年开年大剧《于成龙》的热播,"天下廉吏第一"的于成龙成了人们热议的话题。笔者翻看《清史稿·于成龙传》及有关传记,发现于成龙在为官生涯中,采取多种途径和方法,频频向皇上和朝廷举荐廉能官吏,史料记载有名有姓的就达10人之多,后来这些人好多都成了朝廷的中坚力量。屡荐廉能官吏,无疑是于成龙身上诸多优秀品质之一。

不妨从典籍中罗列一二,供读者欣赏。

《清史稿·邵嗣尧传》载,邵嗣尧于康熙十九年(1680)为直隶柏乡令,因严格执法受人诬告,被以施酷刑为由罢官。后经巡抚于成龙反复推荐,复职为清苑知县。邵嗣尧复职后感奋自励,屡断疑狱,人们以宋代包公孝肃比之。后来邵嗣尧被康熙皇帝任命为江南学政,专司培养选拔人才。

《清史稿·卫立鼎传》载,卫立鼎任卢龙知县,任职期间两袖清风,县内大治,得到直隶巡抚于成龙的推荐,将其与直隶灵寿令陆陇其并列,奏举为循吏。卫立鼎后来官至福州知府。

《清史稿·于成龙传》载,直隶巡抚于成龙于康熙二十年

（1681）觐见皇上,"上褒为'清官第一'"。当皇上问属吏中有无廉吏者时,于成龙推荐知县谢锡衮,同知何如玉、罗京三人。于成龙任两江总督时,又先后推荐直隶守道董秉忠、阜城知县王燮、南路通判陈天栋。

康熙二十年(1681),直隶巡抚于成龙升任两江总督,上疏推荐通州知州于成龙(小于成龙)可大用。会江宁府缺员,"疏请敕廷臣推清操久著与相类者",皇上即命于成龙补缺。很快,于成龙便升为直隶巡抚,河道总督,负责治理大江大河,"成龙主治海口,及躬其任,仍不废减水策",为清初治河诸臣中最优。

于成龙频频举荐廉能吏,是因为他饱读诗书,早就怀有"修身齐家治国平天下"的远大抱负。于成龙熟读顾炎武《日知录》,将"天下兴亡,匹夫有责"视为自己的精神支柱,有着"为官一任,造福一方"的远大志向,深知父母官的职责;他本身就是一个廉能吏,当然希望廉能吏都能得到重用。《于成龙传》载:"于成龙秉刚正之性,苦节自厉,始终不渝,所至民怀其德。""卒时,将军、都统及僚吏入视,惟笥中绨袍一袭、床头盐豉数器而已。"于成龙去世时,木箱中只有一套官服,别无余物。连康熙皇帝都被于成龙的清廉感动得赋诗加以赞扬,并破例亲为于成龙撰写碑文。

于成龙举荐廉能很大程度上与其特殊的出身与经历有关。于成龙45岁才出仕,由于经历过底层长期的艰辛生活,于成龙对民众疾苦了如指掌,尤其是对民众期盼廉吏能吏、厌恶贪官昏官的心理,更是一清二楚。哪里的廉能吏多了,哪里民众的日子就好过,反之遍地贪官污吏,民众的日子就会苦不堪言。于成龙的官越当越大,当然就要尽可能多地为民众推荐和选拔廉能吏了。

于成龙举荐廉能也是受几位顶头上司举贤荐能行为的影响。于成龙在顺治十八年(1661),任广西罗城知县,在任上一干就是七年。总督金光祖举荐其为"卓异"。康熙六年(1667),于成龙任四川合州知州。巡抚张朝珍举荐其为"卓异"。康熙十七年(1678),于成龙任福建按察使,巡抚吴兴祚举荐其为"廉能第一"。于成龙转任三地,三地的长官都欣赏和举荐于成龙,于成龙得以快速升职,康熙十九年(1680),于成龙升任直隶巡抚,两年后又升为江南江西总督,后又受命兼摄安徽、江苏巡抚事。应该说,这些顶头上司举贤荐能的行为,对于成龙影响很大。于成龙成为他人的顶头上司后,当然也要尽心尽力举荐手下的廉能吏了。

当然,举荐有用,举荐能用,才会有人频频举荐。客观上康熙皇帝澄清吏治,选拔廉明,励精图治,为廉吏的健康成长创造了好环境。

今天落马的那些"大老虎",哪个不是在卖官鬻爵、贪污受贿,指望他们举荐廉能干部根本不可能,因为他们是以送钱多少为唯一荐人用人标准的。可悲,实在是可悲!但愿有党的十八大以来的一系列党规党纪护航,能使更多的廉能者走上地方主政者的位置,并能像于成龙那样频频举荐廉能者,这是党之幸事,国家之幸事,人民之幸事!

从《风里蝉赋》说开去

蝉,以其"居高饮露",又"淡泊无为",象征高洁人格。蝉的幼虫虽然在土中会待上几年甚至十几年,但钻出地面为成年蝉后,却仅能存活两三个月,是患难失意的化身,因此,蝉早早就进入了古代文人骚客的法眼。咏蝉抒怀的诗赋真是太多太多了,唐代虞世南的绝句《蝉》:"垂緌饮清露,流响出疏桐。居高声自远,非是藉秋风。"可能是最为人们所称道的咏蝉诗。有学者说,"蝉"诗中的大部分要素出自南北朝时期南陈褚玠的《风里蝉赋》,如秋风、高树、垂、乱响、饮露等,不同的是虞世南把蝉放在秋天的梧桐树上,而不是放在柳树上,以此强调秋色的统一,一改蝉声远传借助秋风的认知,强调由于蝉居高,它的声音便能致远。虞世南的《蝉》蕴含着一个真理:立身品格高洁的人,自能声名远播。

褚玠的《风里蝉赋》,载于严可均的《全陈文》:"有秋风之来庭,于高柳之鸣蝉。或孤吟而暂断,乍乱响而还连。垂玄緌而嘶定,避黄雀而声迁。愁人兮易惊,静听兮伤情。听蝉兮靡倦,更相和兮风生。终不校树兮寂寞,方复饮露兮光荣。"

诗的大意是，每当秋风来临的时候，寒蝉就出现在高高的柳树上。或是独自吟咏时而暂时中断，或是多蝉鸣唱时而连成同声。垂下触须而发出凄切幽咽之声，因躲避黄雀而鸣声远去。人们靠近它又容易受到惊吓，细心静听蝉鸣很是伤感。有时听蝉鸣会精力分散、心闷疲乏，但蝉鸣彼此一致会合集中时气氛会相当活跃。蝉自始至终不计较栖身于高树的无奈，反以一生重复饮食露水为莫大的荣耀。

在《风里蝉赋》中，褚玠重点刻画了蝉的鸣声，以清新朗俊的笔法，描写起伏不定的鸣叫声，如"孤吟""嘶定""声迁"，实际上是借蝉鸣写出了自己的困厄，表达对蝉的无比羡慕之情，抒发自己感时伤世却不悲观哀叹，清净自守而不同流合污，高洁独立的品格。

《陈书·褚玠传》载，褚玠生于乱世，又早年丧父，由叔父养大，仪容风采甚好，善于应对，博学能文，词义典雅，不喜好艳丽绮靡的格调。陈文帝陈蒨天嘉元年（560），褚玠被任为兼通直散骑常侍。陈宣帝陈顼太建七年（575），山阴县多豪强奸民，前后几任县令都因贪赃罪被罢免。陈宣帝颇为忧虑，对中书舍人蔡景历说："会稽山阴是个大县，但很久没有一个好县令，你在文士之中，考虑一下适于担任此职的人。"蔡景历说："褚玠廉洁俭朴，而且有才干，不知他能否入选？"陈宣帝说："很好，你说的正与我的想法不谋而合。"于是任命褚玠为戎昭将军、山阴令。

山阴县民张次的、王体达与诸奸吏互相贿赂勾结，把丁口多的大户都隐匿起来，不交纳国家的赋税。褚玠将张次的等人关押起来，将情况向朝廷汇报，陈宣帝下手诏对褚玠加以慰劳，并派遣使者帮助褚玠检查，共检出原来不在册簿的军民800余户。当时舍人曹义达正受到陈宣帝的宠信，山阴县民陈信家中财产甚多，他用钱财贿赂、巴结曹义达，陈信的父亲陈显文仗势横行乡里，无恶不作。褚玠派遣使者捉住陈显文，打他一百皮鞭，于是县中官吏与百姓都吓得两腿发抖，无人再敢触犯法令。陈信后来通过曹义达诬告褚玠，褚玠竟因此而被罢免。褚玠在山阴任职一年多，只是用自己的俸禄，被免职后，没钱返回京城建康，就留在山阴县境内种蔬菜以自给。有人讥讽褚玠"非百里之才"，褚玠回答说："吾委输课最，不后列城，除残去暴，奸吏局蹐。若谓其不能自润脂膏，则如来命。以为不达从政，吾未服也。"即我输送租税，不比其他县少，而且除去贪残暴虐之人，使奸吏心惊胆战。如果说不能搜刮民脂民膏，以供自己享用，则确实如您所讲的；如果说我不懂从政之道，我不服气。皇太子陈叔宝知道褚玠没有钱返回京城，亲自写信给他，并赐给他粟米200斛，褚玠这才得以返京。太建十年（578），褚玠被任命为电威将军、仁威将军淮南王长史，后迁任御史中丞，直至去世。褚玠担任御史中丞时，"甚有直绳之称"。

"终不校树兮寂寞，方复饮露兮光荣。"这两句是褚玠《风里蝉赋》中的点睛之笔，它把对蝉"居高饮露"的赞美圣洁化、人格化。可以猜想，正是在褚玠等前人对蝉高度赞誉的基础之上，才产生了虞世南的《蝉》诗中突出强调人格的美、人格的力量的这句神论："居高声自远，非是藉秋风。"是否如此，还待见仁见智。

"不饰意气"赞

"不饰意气",语出自《三国志·邓芝传》:邓芝"性刚简,不饰意气"。所谓"意气",除指意志、气概、情绪外,古文中还特指馈赠财物。如东汉政论家王符《潜夫论·爱日》载,"非朝晡不得通,非意气不得见"。《隋书·礼仪志》载,"人事意气,干乱奉公"。清代大藏书家汪继培曾说过"以馈献为意气,汉晋人习语也"。《邓芝传》中的那句话,说的是邓芝刚直高傲,不馈赠礼物给别人,以此和别人联络感情。

邓芝,本为东汉司徒邓禹的后代,但一直没有被人赏识礼遇,仅仅被任命为郫城府邸阁督。当时称储存粮食等物资的仓库为邸阁,负责看守仓库的就为邸阁督。刘备巡行到郫城,与邓芝交谈后,对他的才识大为赞赏,便提拔邓芝为郫县县令,很快又升其为广汉郡太守。邓芝在所任岗位上,清廉严明有政绩,被召入朝任尚书。邓芝在蜀、吴夷陵大战后,奉诸葛亮之命,出使东吴,说动孙权与蜀汉重新和好结盟达40年之久。诸葛亮去世后,邓芝被任命为前将军、车骑将军,总督江州,为蜀汉政权镇守东大门,直至去世。时人有"南有马忠,东有邓芝，北有王平"之说。

"不饰意气"，不馈赠礼物给别人，以此和别人联络感情。用今天的话说，就是在官场上不给任何人送钱送物，不以此拉关系、套近乎、赚人脉，进而发展到拉票贿选谋上位，而是完全凭本事凭政绩去打拼。这就是邓芝的美德，真是难能可贵。当下，公务人员能做到"不送""不收"就更加完美了。当然，牢记党的宗旨，不忘廉洁自律，严守党规国法，那是必须的。从《邓芝传》看，邓芝身上起码有三点可资借鉴：

一是不怕"不得士类之和"。邓芝坚贞正直，对蜀汉后期官场的龌龊现象十分反感，对同期的官吏少有崇敬的，唯独器重大将军姜维。而且邓芝从来不给这些官吏赠送什么礼物，因此，邓芝与同僚的关系一直不是很融洽。对此，邓芝根本不在乎，仍然我行我素于庙堂，尽职尽责于公务。看来，要做到"不饰意气"，就要耐得住寂寞与孤独，不怕被戴上"不合群"、没朋友的帽子。须知靠拉拉扯扯、送钱送物、吃吃喝喝，是交不下孔子所说的"益者三友"的。

二是"不苟素俭""不治私产"。《邓芝传》载，邓芝任将军20多年，自己的衣食所需全靠朝廷供给，他不勉强自己做到朴素节俭，却始终不经营家产，所以妻子儿女免不了要忍饥受冻，他去世的时候家中没有多余的物资。如果整天想着当官发财还要发大财，硬是往先富起来的那一拨人里钻，那就只能是今天送，明天送，后天还是送，以求换来更大的官职，现在的送是为了将来的收，一旦谋得高官，必然是来者不拒。如此循环往复不停歇，不见棺材不落泪。

三是"赏罚明断，善恤卒伍""临官忘家"。邓芝在哪里任职,都能做到赏罚分明,处事果断,优待抚恤士兵,公而忘私。为官只有心无旁骛、处事公正、赏罚严明、一心为公、一切为民,才能从根本上切断送钱送物、收礼行贿的祸根。为官一日,就要全心全意地为人民服务一日。一切公职人员,无论在什么岗位上,都要一丝不苟、老老实实地践行这句话。

丝路养护者赞

敦煌，自汉代张骞出使西域，打开通往西域的丝绸之路，汉武帝正式设郡，修筑长城并设置玉门关、阳关之后，就一直是交通要道和中西方贸易的中心。可以说敦煌是丝路上的一颗璀璨明珠。东汉时期，丝绸之路虽被阻断过多次，但都能重新开通，敦煌延续了这种繁荣盛况。《后汉书·西域传》载："商胡贩客，日款于塞下。"即胡商、小贩，天天行走在边塞之下。到了三国时期，由于魏、蜀、吴三国的争斗，哪一方势力都无暇顾及西北边郡敦煌，敦煌太守之职竟空缺了20多年，后来曹魏虽然一统北方，也向敦煌派去了太守，但由于敦煌长期处于无政府状态，当地的豪强恶霸横行，随意兼并农民土地，对途经此地的往来客商更是百般刁难、任意欺凌和掠夺，来往的商人，无不受到疯狂敲诈和勒索，有的连性命都难以保全。商人们纷纷对其退避三舍，繁荣的丝绸之路上的敦煌，顿时冷清下来。曹魏派去的新太守因惧怕豪强势力，根本无力改变这种混乱局面。直到太和四年（230），仓慈被任命为敦煌太守后，敦煌才又焕发出往日的勃勃生机。

《三国志·仓慈传》载,仓慈到任后,干了三件大事:一是打击豪强势力,救济贫弱的百姓。过去豪强大户广占田地,但是普通百姓却没有立锥之地。仓慈将豪强大户多余的田地按人口分配给贫弱的百姓,让老百姓逐渐偿还土地的成本。二是从前郡下所属县城的讼诉案件大量堆积,县令不能判决,大都堆积到郡太守这里。仓慈亲自去审阅卷宗,斟酌处理,如果不是犯了死罪,只处以鞭笞杖责就予以释放。积案处理完毕后,一年当中新被判刑的还不超过10个人。三是仓慈对途经敦煌的各族人加以安抚慰劳,凡是来纳贡的,来经商的,要去洛阳的,就为他们出具过关的凭证并封盖官印;想在敦煌交易后返回西域的,官府和他们公平交易,还常常用官府库存的货物和他们进行交易。交易结束就派官吏和百姓沿路护送他们。汉人、胡人生活安定,交往融洽,都称赞仓慈的仁德。后来,仓慈死在任上,郡里的官吏和百姓悲痛得好像死了亲人一样,将他的相貌绘制下来,以怀念他。西域各族胡人听到仓慈的死讯,都聚在主管西域的将军戊己校尉的驻地高昌(今新疆维吾尔自治区吐鲁番市东)及各县令的衙署前吊唁致哀,好多胡人放声大哭,有的竟用刀划破脸,以表明出自内心深处的诚意。他们还为仓慈建立祠堂,在遥远的西域进行祭祀。

继任敦煌太守的皇甫隆等人,将仓慈的做法发扬光大,并教会百姓使用耧犁、兴建水利,大力为民兴利,使得敦煌保持了往日的繁荣,丝绸之路再次畅通起来。今天,谈起"一带一路",不能忘怀史上那些为治理敦煌,确保丝绸之路畅通做出过贡献的人。

受仓慈卓越政绩的启发,建议今日那些新任的县长、市长,在调研县、市实情,考虑发展思路时,应把所辖县、市恢复到像历史上最繁荣时期那样,当作一项优先的硬任务、硬指标来完成,在此基础上再谈创新、改革、发展的话题,以求更上一层楼。当然这两者有时是一致的,但也有很大的区别。若不是仓慈的治理使敦煌恢复了往日的繁荣,那么丝绸之路在三国时期就相当于被拦腰斩断一般。不知此议妥否?还望见仁见智。

至论不如清

"至论不如清",语出自晚唐诗人杜荀鹤的一首诗《送人宰吴县》,此句前面还有一句"字人无异术"。所谓"字人",即抚治百姓;"至论",即高明的理论,美好的言论;"清",即清正廉洁。这两句诗的意思是,抚治百姓没有什么特殊的办法,任何美好与高明的言论都不如为官清正廉洁。欣赏一下全诗,对这两句话则会有更深的理解。正如同为唐代诗人,极有文采、著作颇丰的顾云,在为杜荀鹤的《唐风集》作的序中所说:杜荀鹤的诗,能使"贪夫廉,邪臣正"。而《送人宰吴县》,便是其中具有这种魅力的代表作。

> 海涨兵荒后,为官合动情。
> 字人无异术,至论不如清。
> 草履随船卖,绫梭隔岸鸣。
> 唯持古人意,千里赠君行。

诗人告诫这位到吴县去当县令的友人说,你是在社会久经动乱、连年兵荒马乱之后到吴县赴任的,在这种情况下当官的应该更多地考虑老百姓所遭受的灾难。抚治百姓没有什么别的办法,为官清正廉洁比任何高明的大道理都能解决问题。水上船家一边行船一边出卖草鞋,对岸则传来纺线织布的机梭声。希望县宰能够具有历史上那些政绩卓绝的清官的仁民爱物之心,这就是我不远千里送君行赠君诗的本意呀!

杜荀鹤出身寒微,又逢黄巢起义之乱世,曾数次赴长安应考,总是不第,长期不能入仕,后来虽得中进士,被授翰林学士、主客员外郎,却因患重疾,不久就去世了。可以说,身处乱世、有志难伸、怀才不遇、走投无路,是杜荀鹤一生的真实写照。然而,杜荀鹤并没有因此消沉下去。他的诗词反对浮华、语言通俗、风格清新,被后人称为"杜荀鹤体"。杜荀鹤一直都在关心人民的疾苦,他的诗词反映了唐末军阀混战局面下的社会矛盾和人民的悲惨遭遇。杜荀鹤自称"诗旨未能忘救物",即吟诗作赋时念念不忘济世救物。杜荀鹤的一首七言律诗《自叙》,就再清楚不过地表达了他的思想,因为"自叙者",自我言志也。

酒瓮琴书伴病身,熟谙时事乐于贫。
宁为宇宙闲吟客,怕作乾坤窃禄人。
诗旨未能忘救物,世情奈值不容真。
平生肺腑无言处,白发吾唐一逸人。

"乐于贫"中的"乐"字,表现了诗人的耿直性格和高尚情操;"诗旨未能忘救物",则反映了诗人虽不能入仕,但不消极避世，而是始终不忘国家和人民所遭受的灾难，并为此屡屡大声疾呼，济世救物的极大热忱。在另一首题名《送人宰清德》的诗中，也有"能依四十字（泛指清廉等品格），可立德清碑"的句子。因此时人都称赞他的诗多是"言论关时务，篇章见国风"。

《送人宰吴县》一反同类送别诗或惜别伤离，或愤慨不遇的消极情绪，立意高远，持论正当，明白无误地表达了诗人"未能忘救物"的"诗旨"，希望这位新县宰到任后，能将"至论不如清"视为座右铭，在政务上清正廉洁，秉公处事，在生活上做到"草履布衣"，朴素节俭，注重关心民众疾苦，努力恢复发展当地的生产，以重现那种男耕女织、百姓安居乐业的社会局面。

为官须如镜

《执镜诫》是唐代四大贤相之一，辅佐唐玄宗开创开元盛世的姚崇所写的"五诫"中的一篇，载于《全唐文》。此文虽只有40多句，220多字，然而却主题突出，论证严谨，用典得当，读后感触颇多，受益匪浅。笔者以为完全可以将此文作为当今廉政教育的辅助材料。

《执镜诫》大体上表达了三层含义：一是镜子具有明亮洁净、永不疲倦的特点。文章开篇写道："执镜者，取其明也。夫内涵虚心，外分朗鉴，物不可以匿诈，体无得以逃形。"这里的"执镜者"，指的是拿着镜子自照或照人者。自照好理解，而照人者就是执镜为主人服务的人，如出土的汉代文物中就出现过专门服侍主人的执镜陶俑。"朗鉴"，即明照，它是镜子的功能。心无成见、虚怀若谷、从不自满，是镜子的内在品格。用镜子一照，任何物体都无法隐瞒欺诈，无论何人也都会原形毕露。"秦楼明镜，鉴有馀晖。"传说秦始皇有一硕大的方镜，人来照之则影倒见，以手扪心则见五脏，人有疾病则能知底，更能照见人心之善恶。而"不疲屡照，君子是效"，是镜子的另一特色。《世说新语》记载，晋代的袁羊曾经说过："何尝见明镜疲于屡照？"多次明照而从不言疲劳，这也是君子应当效法的镜子的品格。

二是经常照镜子，好处多多。君子要将镜子"置于座隅，盖将照奸回之心，绝险诐之路也"。即要将镜子放在座位旁边，经常照一照，以纠正和杜绝奸邪之念、贪渎之心。这是个人照镜子的益处。而皇帝和握有选官重责的大臣，经常照镜子的好处更多。"握在帝心，则宇宙融朗；悬诸铨目，则翘楚瞻仰。"即如果皇帝心中有明镜，天地则会变得异常融通明朗；如果明镜高悬在选官大臣的眼中，杰出的人才就会层出不穷。

三是为官者须如镜，做到冰清玉洁。作者最后得出结论："嗟尔在职，为代作则，刑不可滥，政不可贼。""当须如镜之明，断可以平；如镜之洁，断可以决。敢告后来，无忝前哲。"说的是，在职的官员，治理州县的一言一行都要成为民众效法的榜样，刑罚不要随意滥用，权力不可用来残害百姓。当今做官之人，必须如镜之明察，决断可求公平；如镜之清洁，处事可得决断。后来之人，不要辱没先哲的英名。

姚崇能写出如此美文，与其丰富的从政经历密不可分。他曾历仕三朝，做过州刺史，两度拜相，还兼任过兵部尚书，亲身感受过贪吏、懒吏、冗吏充斥官场，对朝政、民生造成的巨大危害。因此当他以刺史身份与唐玄宗初次见面时，就提出施行仁政、息兵休战、公平执法、虚怀纳谏等"十事要说"，他的这些建议全都被采纳实行。毛泽东曾称赞姚崇为："大政治家、唯物论者。""如此简单明了的十条政治纲领，古今少见。"姚崇拜相后，佐理朝政，革故鼎新，兴利除弊，罢黜贪冗，选才任能，发展生产，为开元盛世奠定了政治和经济基础。他还亲自撰文，写出《执秤诫》《弹琴诫》《辞金诫》《冰壶诫》《执镜诫》，托物寓意，并劝诫官员多向皇帝进谏，以求更好地推行新政。

时至今日，还是要提倡"为官须如镜"，要经常自我照照镜子。记得在前些年党的群众路线教育实践活动中，党就曾提出"照镜子、正衣冠、洗洗澡、治治病"这四句话十二个字的总要求。当然照镜子，主要是以党章为镜，要敢于照镜子，勤于照镜子，多往深处照、细处照，使之纤毫毕现，找出差距，修身正己。虽然此项活动早已结束数年，但镜子还是要经常照的，要使之常态化。要时时刻刻使自己如同镜子一般明亮洁净，要办事公道透明，不夹私不搞假，不欺上不瞒下，勤勤恳恳为民众；明察秋毫，不放过可能导致出现过失的任何蛛丝马迹，认真仔细地干好手中的每一项工作，最大限度地满足广大民众对幸福指数的新期盼、高要求。

鹭鸶与"两面人"

鹭鸶与"两面人",可谓风马牛不相及。鹭鸶,水鸟也,主食鱼、蛙,因其头顶有细长的白羽,胸、肩、背的羽毛皆纯白色,又称白鹭。其素白高洁、亭亭玉立的样子甚是养眼,可以说是水鸟中的佼佼者。而"两面人"即伪装者,以表演作秀见长,表里不一,言行不一,说一套,做一套,台上讲廉政,台下猛捞钱,对党不忠诚不老实、阳奉阴违自行其是。这类人古时被称为"国妖"。《荀子·大略》载:"口言善,身行恶,国妖也。"治国者务要"除其妖"。是唐代罗隐的一首讽刺诗《鹭鸶》,硬是将这两者联系在了一起。

"斜阳澹澹柳阴阴,风袅寒丝映水深。不要向人夸素白,也知常有羡鱼心。"诗的大意是,淡淡的斜阳照耀在绿树成荫的柳树上,鹭鸶头顶白色的羽毛随风摆动倒映在水中。不要再向人们夸赞自己如何洁白,你自己也经常有想吃鱼的念头啊!诗人以拟人写法,明里是在数落白鹭,暗里却在讽刺那些贪婪无比而又装作正人君子的"两面人"。这些人道貌岸然,看起来衣冠楚楚,但灵魂未必像衣衫那么洁净,心灵未必如外表那样美丽,虽然有鹭鸶"素白"的外表,但也如鹭鸶那样有捞钱的"羡鱼心"。

把白鹭比作"两面人",何其精当!白鹭身上特点突出:一是外表洁白,素雅玉立。唐代诗人杜牧也写了一首名为《鹭鸶》的诗作,赞美白鹭的洁白无瑕,"雪衣雪发青玉嘴",即全身羽毛雪白犹如穿着雪白的绒衣,衬托出青玉般的长嘴。明代刘羽在《白鹭图》中,有"芳草垂杨荫碧流,雪衣公子立芳洲",即垂柳遮盖着碧绿清澈的水流,一只洁白美好的白鹭高傲地站立在水中芳草地上。而"两面人",哪个不是把自己装扮成圣洁无比、清廉干净的模样?二是口中不断地自我表白:"我有多么的'素白'与廉洁。"白鹭无论是在水中还是在岸上,无时无刻不在抖动着头顶上的洁白羽毛,展示着自己的美丽。这如同"两面人"在台上、在人前、在白天声嘶力竭地叫喊着,要廉洁从政,要干净干事,要全力为民,"我保证一毛钱也不会贪,一根火柴棍也不会收",等等,生怕别人不信。三是根植于内心深处的"羡鱼心"比谁都重。白鹭或站在水中或立于水边,都只有一个想法,那就是千方百计地弄到鱼虾来吃,这才是它摇头晃脑、展示美丽的终极目的,且永远不会改变。而"两面人"隐藏于内心深处的贪欲,也往往是极度膨胀,从没有满足的时候,更不知道收手。四是白鹭一旦见了鱼虾则会捕食得更欢。正所谓"群捕鱼儿溪影中"(杜牧《鹭鸶》)。"两面人"在暗地里哪个不是折腾着捞取钱财,自己忙不过来,就让身边的工作人员与家属子女齐上阵。看来,导致白鹭和"两面人"贪得无厌的关键是"羡鱼心",它像永不停歇的发动机,驱使白鹭和"两面人"

不惜一切地向猎物——鱼儿、钱财，发起不停的攻击，且没有尽头。

当然，鹭鸶与"两面人"终究不同。"两面人"的危害太大了，各级党委和组织人事部门一定要千方百计地识破"两面人"的真面目，不给这类人以任何机会让他们去欺骗党、欺骗群众，污染政治生态。因此，考核各级领导干部时，首先要注意听其言，更要观其行。三国时魏国名士刘廙所写的《论治道表》载："长吏之所以为佳者，奉法也，忧公也，恤民也。"即严守国家法令，一心为公、以民为本、为民谋利。对于如何考察这三项标准，刘廙又提出了三项具体指标：户口率及其垦田的数量，盗贼的数量，民众逃亡叛逆的数量。应该说，这三项具体指标，完全符合治理三国那般乱世的实际需要。借鉴刘廙的《治道论表》，以对县区级干部考核为例，起码要看绿色经济总量的增幅，危害治安的刑事要案的增减，生产、食品、饮水等公共安全保障措施的落实状况，民众就业率、收入、住房率、就医率的涨幅等。当然，地区贫富状况不同，人口多寡各异，发展也有先后，统一的政绩标准确实不好制定，但总能找出一些共同点，一些让大家都服气认可的东西，把它加以细化、量化、数字化，使参与考核的群众和被考核的干部，心里都有一把尺子。之后，再经过本来就已经非常严格的一整套程序，谁能谁不能，谁行谁不行，不就一目了然了吗？还会容得"两面人"呼风唤雨吗？此外，要认真听一听群众的看法。群众的眼睛是雪亮的，领导干部是好是坏，是廉是贪，是不是"两面人"，民众看得一清二楚。现在亟须解决的问题是，群众的意见如何才能顺利地进入考核者的法眼。相信好办法、好措施会有的。"两面人"定会在严格而有效的考核、考察中,在党和人民的"火眼金睛"面前,原形毕露,体无完肤,败下阵来。

去名者无忧

"名"的本义，无非就是对一个人的称谓，但是它一旦加上后缀儿，如名声、名誉、名望、名利、名人等，名的身价顿时倍增，"一举成名天下闻"，会给人带来物质和精神上的无尽好处。追名与逐利历来就是孪生兄弟，名与利使得多少人为之疯狂，甚至不惜身家性命。先哲们早就料到了这一点，告诫人们万万不能这样做。"莫言名与利，名利是身仇。"（杜牧《不寝》）这句诗告诫人们刻意地去追求名利，不管最终得到与否，都会被它所绑架、所奴役。

然而，在诸多此类的名言警句中，较早出现的应该是"去名者无忧"这句话。它载于清代严可均《全上古三代文》中的《鬻子》二卷："鬻子曰：'去名者无忧。'"鬻子，即鬻熊，于商朝末年投奔周文王，成为周文王的火师。《史记·楚世家》载，"鬻熊子事文王"，意为"鬻熊如同儿子般侍奉文王"。《文心雕龙·诸子》载："鬻熊知道，文王咨询，余文遗事，录为《鬻子》。子目肇始，莫先于兹。"如何理解"去名者无忧"？仅从字面上讲，这里的"去"字应该是去除、去掉的意思，舍弃对名声的刻意追求的人，定会是快快乐乐、无忧无虑的。其实，人的一生，就应该是这个样子。不以名而利己，不以名而取利，在自然规律下专注自身，让生命在自然的时空里发挥到极致，名于无求，名于自然。它与"沽名钓誉"没有半毛钱的关系。犹如颜之推《名实篇》中所说："名之与实，犹形之与影也。德艺周厚，则名必善焉；容色姝丽，则影必美焉。"即名与实的关系，好似身体与影子的关系，一个人如果德才兼备，名声一定好；一个人如果容貌漂亮，影子一定美丽。

然而，由于名声可以体现德行，又可以带来巨大实惠，能够折算成相应的经济利益，在市场经济的海洋中待价而沽，以致求名心切必作伪，求利心重必趋邪者大有人在。在这种氛围下，要做一个"去名者"谈何容易！要耐得住寂寞与清贫。要明确"好事者未尝不中，争利者未尝不穷也"（《淮南子》）。要有"看尽人间兴废事，不曾富贵不曾穷"（陆游《一壶酒》）的定力。人生起起伏伏再正常不过了，最终没有谁富谁穷，有的只是对生命价值的评判。也要有"宠辱不惊，闲看庭前花开花落；去留无意，漫随天外云卷云舒"（《菜根谭》）的宏大气度。总之，欲望要约束，虚荣要打磨，行为要检点，否则，不但成不了大事，也成不了顶天立地的人，离无忧无虑、幸福快乐就更远了。

共产党人的名与利，更是与党和人民的事业紧紧地联系在一起的，要视个人名利淡如水，超脱世俗的追求和困扰，实实在在地对待职务、地位、名誉，豁达客观地看待自己的一切。要做到信仰至上，人生总要有所追求，如果心中没有远大志向，必然会看重眼前的利益。要视人民事业重于泰山。习近平总书记多次说过,"领导干部要干干净净为国家和人民工作,必须以淡泊之心对待名利"。领导干部淡泊名利,却不能淡泊事业,面对纷繁复杂的各种诱惑,要心如止水,不为名所累,不为利所趋,不为钱所动,不为色所迷。但也不能走向极端,认为把什么都看透了,一切都无所谓了,当一天和尚撞一天钟,甚至撞没撞响都不去管了。那不是真正的淡泊名利,而是消极麻木,再发展下去就是失职渎职,是万万要不得的。

名节重于泰山

名节,即名誉和节操,古人把它同道义、忠信并列,今天名节应包含信仰坚定、诚信无欺、见义勇为等多种含义。对于党员领导干部来说,清正廉洁是一种重要的名节,也是保底的名节,更是广大民众最为看重的名节。党员领导干部清正廉洁的名节一失,其他的品德与操守即使再耀眼夺目,也会顿时黯然失色,立马被广大民众归入到贪官、坏官一类。细读明代名臣、诗人于谦的《无题》一诗,更加觉得党员领导干部,一定要把保持清正廉洁的名节,看得比泰山还重才行。

名节重泰山,利欲轻鸿毛。
所以古志士,终身甘缊袍。
胡椒八百斛,千载遗腥臊。
一钱付江水,死后有余褒。
苟图身富贵,朘剥民脂膏。
国法纵未及,公论安所逃。
作诗寄深意,感慨心忉忉。

此诗语言质朴自然，一气呵成，不事雕琢，感染力极强，又犹如白话，好读易懂，可能只需解释一下"缊袍"与"忉忉"两个词语，说清"胡椒八百斛"与"一钱付江水"两个典故就成。"缊袍"是以乱麻为絮的袍子，古为贫者所服。"忉忉"形容忧愁的样子。"胡椒八百斛"，说的是唐朝宰相元载爱财如命，"外方珍异，皆集其门，资货不可胜计"，被杀后抄家，仅胡椒就抄出800石（十斗为一石，亦为一斛）。"一钱付江水"，说的是东汉会稽太守刘宠，他任职期间治理得法，郡中大治，社会安定，当他调任京官时，百姓争相送行，有五六位长者每人奉上100钱，非让他收下不可。刘宠只好象征性地从每人手里拿一钱受之，以作纪念，后又投到江中去了。故人们称其为"一钱太守"。

这首诗告诉官员应该视自己廉洁的名节为泰山，而自私自利贪图物欲的人则比鸿毛还要轻，因此从古至今凡有志之士都终身甘于清贫俭朴。如元载那样贪婪奢侈的官员，只能遗臭万年，而像刘宠那样一生清廉的官员，就会永远受到世人的褒奖。身为官员如利用手中权力来盘剥民众，纵然国法一时还来不及追究，社会公论也是逃不脱的。

砥砺操守，磨炼自己以永远保持清正廉洁的名节，是党员领导干部的终身任务。近年来，习近平总书记在不同场合多次指出，党员领导干部"要像珍惜生命一样珍惜名节和操守"。因为只有珍惜名节，崇尚名节，才能守住名节，为党和人民干出一番事业来。对党忠诚，一心为民，严守规矩，秉公用权，是各级领导干部必须具备的政治素质。仔细琢磨于谦

《无题》一诗，实际上它也为官员如何保持清正廉洁的名节开出了方子：一是以俭朴为荣。甘愿终身穿着与贫苦百姓同样的衣服，隐含着无论在吃、穿、用、住各个方面，都要向贫苦百姓看齐，无论做多大的官都要像平常人一样过日子，切记"由俭入奢易，由奢入俭难"的道理，决不可一朝为官便奢靡无度，滑向堕落的泥潭。二是以史为鉴。诗中以元载、刘宠的典故告诫官员，要以史为鉴，廉洁为官就会得到后人不尽的赞美，贪得无厌则必然是"千载遗腥臊"。比如元载家中被抄出的八百石胡椒，就成了千秋万代的笑柄。宋朝罗大经《鹤林玉露》载："元载败时，告狱吏乞快死。狱吏曰：'相公今日不奈何吃些臭。'乃解袜，塞其口而卒。余尝有诗曰：'臭袜终须来塞口，枉收八百斛胡椒。'"清人丁耀亢《天史·元载聚货杀身》载："极意温饱，亦不至食胡椒八百石也。惟愚生贪，贪转生愚。"三是敬畏民意。官员要切记，如果心生贪念，四处伸手，盘剥百姓，捞取钱财，哪怕暂时还没有受到国法的追究，也会被民众戳脊梁骨，被淹没在民众谴责的舆论大潮之中。民意不可违，国法不可触，这一点要永记心间。

写到这里，不禁又想起于谦另一首著名诗篇《石灰吟》：

千锤万凿出深山，烈火焚烧若等闲。
粉骨碎身浑不怕，要留清白在人间。

诗中以石灰喻人，告诫人们保全名节，必须历经千锤百炼，最终才能把一身清白留在人世间。

不可一毫妄取

尽管至今对宋代州县治政专著《州县提纲》是不是陈襄（理学家）所写仍有争议，但其却被完整地收入《四库全书》。元代儒学大师吴澄为该书作序：愿"州县亲民之官，人人能遵是书而行之民"。此书共4卷，有116条治政要点，其中开篇便是"洁己"一条，读了受益匪浅。

"居官不言廉，廉盖居官者分内事。孰不知廉可以服人，然中无所主则见利易动。""况明有三尺，一陷贪墨，终身不可洗濯。故可饥可寒、可杀可戮，独不可一毫妄取。苟有一毫妄取，虽有奇才异能，终不能以善其后。故为官者当以廉为先。"

这段话大体上表达了三层含义。一是廉洁可以使人心服口服，为官者务必要做到廉洁。为官者不要经常夸耀自己廉洁，因为廉洁是为官者应该做到的。二是为官者可以受饥、可以受冻、可以杀头、可以陈尸，唯独不可以妄取一丝一毫的东西。三是不廉洁的危害极大，为官者如果没有确立廉洁的正确观念，那么一见到利益就容易动摇，只要妄取了一丝一毫的东西，就会陷入贪污受贿的泥潭，终身都洗不干净，即使有奇才异能，最终也得不到好下场。

笔者尤其欣赏这段话中给为官者确立的廉洁标准："不可一毫妄取。"所谓"一毫"，除指一丝一毫外，还有一点一滴之意，似乎也隐含着一次、一切之意，即一次也不可妄取，一切财物均不可妄取。这个标准，言简意赅，好懂好记，既便于践行，更容易自检自查。一句话，照着去做准没错。陈襄之所以能写出如此传世警句（姑且先认定《州县提纲》为其所写），是与他的为官经历与优异政绩密不可分的。

《宋史·陈襄传》载，陈襄为官期间的三件事：一是陈襄被授予浦城主簿一职，因没有县令，陈襄代行县令的职责。浦城县里多世家大族，以往经常在诉讼中以请托行贿的手段来挟持长官，使其不能秉公办案，这已成为常态，几任县令均不能制。陈襄到任后，审案听讼必让数名官员、士卒环立于前，使欲行贿者无处下手，也使府内那些奸邪官员无法再干以权谋私的勾当。百姓都拍手称快。二是陈襄无论在哪里任职，都兴办学堂，教授生员，浦城县追随他学习的达500余人。陈襄升任仙居县令后，继续办学，学生有疑问，甚至利用他处理公务的间隙，纷纷跑到他的后院求教。三是陈襄为民排忧解难。陈襄任河阳令时，当地人不懂得种水田，陈襄便手把手地教民众种水稻；出知常州时，发动民众开渠引水，使百姓受益。陈襄平时还注意观察百姓疾苦了解百姓的需求，并精心探索解决办法，逐一写成条幅积累起来，但没来得及梳理陈襄就去世了。本传载，陈襄"平居存心以讲求民间利病为急。既亡，友人刘寻视其箧，得手书累数十幅，盈纸细书，大抵皆民事也"。

其实，"不可一毫妄取"这句名言，早已被我党我军吸收过来，作为对人民军队和党员领导干部的明确要求。中华人民共和国成立前夕，毛泽东主席、朱德总司令签发的《中国人民解放军布告》中就赫然写明："人民解放军纪律严明，公买公卖，不许妄取民间一针一线。"作为党员领导干部，就是要把这一古训与党的要求牢记于心、铭刻在胸，内化为自己的自觉行动，以廉洁干净、勇于担当、锐意创新的形象出现在所有的公务活动当中。当然，还要教育身边人员和自己的家人也要这样做。可能有人会说，这要求未免太严格、太过理想化了，不容易做到。只要全心全意为人民服务的宗旨不变，党员领导干部就必须这样做。当然，对那些无论如何也把控不住自己，做不到"不可一毫妄取"的官员，犯了哪一条党规国法就按哪一条予以惩处就是了。相信随着党的十八大以来"打虎拍蝇"的震慑，"四风"整治的空前深入，"八项规定"的日趋落实，能够自觉做到"不可一毫妄取"的党员领导干部，一定会越来越多。这是党、国家和人民的福分。

"贪之至"赞

《续古文观止》中有篇散文,是清代康熙年间曾任过刑部主事、山东学政、翰林院侍读学士的施闰章所写,题目是《送杜审舒归里序》。这篇赠序,是作者为送门生、弟子杜审舒回故乡山东而写。然而,通篇文字似乎与送人无多大关系,都是在论述自己的"贪"甚至"贪之至",词语幽默讽刺,道理正话反说,读至末尾一句"归而修业,亦务守其不可夺者已矣",即回去后研习学业,务必守住这别人不可劫夺的品行就可以了,才使读者豁然开朗,原来作者是现身说法,谆谆教导其学生,要贪求道德修养、学问知识,这才是别人抢夺不去,永远拥有的财富。

文章开头讲,书生杜审舒要回故乡,作者欲送点礼物给他,结果管家称仓房里没有任何物件可送了。杜审舒致谢后问作者,您"然窃疑厚人而忘己也",即我私下里怀疑您宽厚待人而忘记了自己,太不会谋划生计了。言外之意是说老师您也太廉洁了。见此,作者引出了关于廉与非廉的大段议论。

作者说:"若以我为过廉乎?予盖天下之贪夫也。""何子之泥于言贪也。夫取而不能有者,非贪也;不取而有之,人不能夺焉者,贪之至也。"即你以为我太廉洁了吗?我是天下最贪婪的人啊!你何必拘泥于表面去说贪呢!获取而不能保有,不是贪;不获取而保有,而别人又不能夺走,才是最大的贪了。接着指出,时下那些由豪富转而衰败的人,自己被杀,家被抄没,宗族也受到牵连,这样的人比比皆是。这些人开始也不过是想贪得一点私利,最后把自己最珍爱的东西都赔进去了却无暇顾及。抛弃非常珍爱的东西,甚至生命,舍妻弃子,把这称为贪是不可以的,这不符合庄子所言:"君子内无饥寒之患,外无劫夺之忧。"

讲到自己的所为,作者说,我一直都清心寡欲,走路时刻怕跌倒,自己的官职好像随时要失去。独处时好像仍处于众目睽睽之下,做事总是先人后己,像伯夷、柳下惠(均为古代清高廉洁之士)那样纯洁谦和,害怕别人的逸言讥讽,随时修补缺点弊漏。口袋中有一点点钱就不知放到哪里好。遇有疾风惊雷,泰然处之,饱食高坐,教导生徒,登山观海,读书吟诗,搜寻旧籍,积书数车。"盗不睥睨,民不咒诅,人见不足,我见有余,此亦贪之至也。"即盗贼不会窥视我,老百姓不会咒恨我,别人以为我很贫穷,而我自以为富足有余,这也是贪到极点了。也正因为这样,我没有蒙受用人失察的指责;我虽然德行远逊于颜回、闵损(均为孔子弟子,颜回安贫乐道,闵损以孝闻名),但自以为可以身附道德之林。我每次奉命出任,完成任务即返回,所得到的太多了,这样还敢认为自己廉洁吗?

作者最后道出要旨:"子貌朴而志端,归而修业,亦务守其不可夺者已矣，何敝敝然为我谋？"即你朴实厚道而志向端正，回去后研习学业，务必守住这别人不可劫夺的品行就可以了，不必为我的生计而谋划费心了。杜审舒听了这番话，高兴地说："吾乃知先生之所以为贪。"即我现在知道先生所说的贪了。

《东观汉记》记载的廉吏也很出彩

　　《东观汉记》是东汉官修的纪传体史书,从东汉第二位皇帝即汉明帝时开始编写,以后累朝增修,直至汉献帝时仍在修撰,共一百四十三卷,参加撰者有刘珍等一大批人。东观是洛阳宫中殿名,即当时修史之处,故以此为书名。魏晋时,《东观汉记》很流行,与《史记》《汉书》统称为"三史"。

　　《三国志·吕蒙传》裴松之注引《江表传》载:孙权曾劝导吕蒙、蒋钦等人"宜急读《孙子》《六韬》《左传》《国语》及'三史'"。后来范晔取材于《东观汉记》,集诸家之大成所作的《后汉书》开始流行,问津《东观汉记》的人越来越少,官方藏本也开始散佚,自元朝以后,《东观汉记》基本上没有完整的篇章了。清代有人曾搞过两次《东观汉记》的辑本。在此基础上,当代学者吴树平于2008年又搞成22卷本的《东观汉记校注》,为愿意研究此书和那段历史的人提供了方便。看了《东观汉记》,发现该书中记载的廉吏不少,他们的事迹也很出彩,而这些廉吏,《后汉书》中有的有记载,有的没有记载。笔者抽取了《东观汉记》记载的这些廉吏的故事,与《后汉书》中的相关记载作比较，并略加些议论，提供给读者参考。

一、宋弘：不与民争利

《东观汉记》卷十三载："宋弘为司空，尝受俸得盐豉千斛，遣诸生迎取上河，令粜之。盐贱，诸生不粜，弘怒，便遣，及其贱，悉粜卖，不与民争利。"说的是宋弘得到的俸禄是数千斛的盐豉，即加盐后的豆制品，吩咐下属将其卖掉。下属因市场盐豉价钱低而没有卖。宋弘知道后很生气，让下属即便价格低廉也要卖掉，不要去与民争利。

东汉初年的大司空宋弘，为人正直，直言敢谏，所得租俸分养九族，家里没有多余的资产，以清廉著称；更因以"贫贱之交不可忘，糟糠之妻不下堂"为由，拒绝与公主成婚而闻名天下。《后汉书》虽有《宋弘传》，但却没有上述小故事的记载。

二、闵仲叔：不劳县令关照

《东观汉记》卷十七载："闵仲叔居安邑，老病家贫，不能买肉，日买一片猪肝，屠者或不肯为断。安邑令候之，问诸子何饭食，对曰：'但食猪肝，屠者或不肯予之。'令出敕市吏，后买辄得。仲叔怪问之，其子道状，乃叹曰：'闵仲叔岂以口腹累安邑耶？'遂去之沛。"说的是，闵仲叔带全家人到安邑居住，由于没有丰厚的收入，加上年迈多病，生活变得愈加困顿，平时连猪肉都吃不起，只能买来一片猪肝做菜。见钱眼开的屠夫觉得一片猪肝不值得一卖，便拒绝了这个贫寒的顾客。有一天，闵仲叔看到餐桌上又有了猪肝，便追问缘故。儿子告诉他，是安邑县令特意命令屠夫，不许难为闵仲叔。闵仲叔长叹道："我闵仲叔怎么能因口腹之欲给安邑令增添麻烦？"于是，全家人迁居至沛县。

闵仲叔是一方名士，品德高尚。东汉新建百废待兴，值此用人之际，刘秀命司徒侯霸辟召天下贤良方正之士入朝效力。闵仲叔便应召做了官，但侯霸迟迟不来咨询政事，他一气之下辞官走了。后来，皇帝再度征召闵仲叔担任博士，他依然不为所动。上述《东观汉记》所记载的故事，就是闵仲叔闲居在家时发生的。《后汉书》没有闵仲叔的传记，但在卷八十三序中对此事有所记述。

三、廉范："石生坚，兰生香"

《东观汉记》卷十四载："廉范，字叔度，京兆人也。父客死蜀汉，范与客步负丧归。至葭萌，船触石破没，范持棺柩，遂俱沈溺。众伤其义，钩求得之，仅免于死。太守张穆持筒中布数箧与范，范曰：'石生坚，兰生香，前后相违，不忍行也。'遂不受。"说的是，廉范的父亲廉丹遭遇战乱，死在蜀汉地区。廉范欲接回父亲的灵柩。廉范和他的门客徒步背着灵柩回乡，到葭萌时，所乘的船碰到礁石沉没，廉范抱着灵柩，一起沉到水中，众人被他的孝心感动，用杆子把他钩出来，廉范才免于一死。蜀郡太守张穆听说以后，派人骑马带着财物追赶廉范，廉范说："石生坚，兰生香，前后的行为不一致，怎么能行呢?"坚决推辞了。

《后汉书·廉范传》载,蜀郡太守张穆,是廉丹的老部下,他知道廉范回家处理丧事,便两次派人送给廉范许多财物,一次是廉范刚回到家乡时,一次是廉范翻船险些遇险后。廉范都没有接受。但《后汉书》中没有记载廉范说了什么。了解了廉范两次拒收财物的事迹后,对上述小故事中廉范说的"前后相违",才能有更好的理解,对"石生坚,兰生香"也更能深得其义,更能理解廉范借此语表明自己保持高尚节操不变的决心。

四、孔奋:置脂膏中,不能自润

《东观汉记》卷十四载:"姑臧称为富邑,通货胡羌,市日四合,每居县者,不盈数日,辄致丰积。""孔奋,字君鱼,右扶风茂陵人。守姑臧长。七年,诏书以为奋在姑臧治有绝迹,赐爵关内侯。奋素孝,供养至谨,在姑臧唯老母极膳,妻子饭食葱芥,时人笑之。或嘲奋曰:'置脂膏中,不能自润。'而奋不改其操。"说的是,姑臧被人们称为富县,这里与胡羌通商贸易,每天有四次集市,每一任县令,没有几日便富裕起来。孔奋任职多年,把姑臧治理得非常好,皇帝下诏赐其为关内侯。孔奋侍奉母亲极孝,寻求珍膳给老母吃,自己带着妻子儿女以普通饭菜为食,因此孔奋被众人讥笑,都说他身处富庶地区,却不能使自己富裕起来。而孔奋听了仍不改其廉洁的品性。

孔奋是东汉初年著名的廉吏,在哪里任职都为政清平,深得百姓爱戴。《后汉书·孔奋传》对他的事迹记载得比较详细。陇蜀地区被平定后,河西地区的太守、县令都被征召入京,官员的财物连车满载，塞满了山川。只有孔奋没有资财，乘一辆空车上路。姑臧的官员百姓以及胡人都说孔君清廉，仁义贤明，全县都蒙受他的恩惠，他如今离去，要报答他的恩德。于是共同凑集了价值千万的牛马器物，追了数百里，要送给孔奋。孔奋只是拜谢而已，一点都不接受。对此，范晔称赞他"奋驰单乘，堪驾毁辕"。

五、第五伦："反腐"绝不手软

《东观汉记》卷十六载："第五伦，字伯鱼。京兆尹阎兴召为主簿。时长安市未有秩，又铸钱官奸轨所集，无能整齐理之者。兴署伦督铸钱掾，领长安市。平铨衡，正斗斛。其后小人争讼，皆云'第五掾所平，市无奸枉'。""第五伦性节俭，作会稽郡，虽为二千石，卧布被，自养马，妻炊爨，受俸禄常求赤米，与小吏受等，财留一月俸，余皆贱粜与民饥羸者。""第五伦为会稽守，为事征，百姓攀辕扣马呼曰：'舍我何之！'第五伦密委去。百姓闻之，乘船追之，交错水中，其得民心如此。"说的是，第五伦于东汉初年，被京兆尹阎兴召为主簿，后任督铸钱掾，领长安市。第五伦在任期间惩奸除恶，统一衡量轻重的器具，百姓悦服。后被拜为会稽太守，虽为二千石官，却亲自锄地养马，让妻子下厨烧饭，所领俸禄仅留一月粮，其余皆资助百姓中的贫困者。后第五伦因事被征返京，百姓拦住他的车辕，不让他前行。第五伦在夜晚悄悄乘船离开，百姓便跳入水中，加以拦截。足见其深得民心。

第五伦正直清廉，所任皆有政绩，官至司空。他敢于谏上，当时人们将他比作西汉的贡禹。《后汉书·第五伦传》记载较为详实，其中记载的第五伦"反腐"的事迹尤为可嘉。蜀地肥沃，民众富裕，蜀郡的掾吏们便聚敛财富，家财多至千万，皆乘坐好马好车，并以此为荣。第五伦任蜀郡太守后，将这些掾吏全部辞退，专选那些贫穷而有志向的人担任掾吏，当地的索贿之风立马得以杜绝，官场风气为之一振。第五伦还将其中的优者推荐给朝廷，后来这些人好多都官至九卿。

六、王良：教导家人过常人生活

《东观汉记》卷十四载："王良，字仲子，东海人。少清高。为大司徒司直，在位恭俭，妻子不入官舍，布被瓦器。时司徒吏鲍恢以事到东海，过候其家，而良妻布裙徒跣曳柴，从田中归。恢告曰：'我司徒吏也，故来受书，欲见夫人。'妻曰：'妾是也。'恢乃下拜，叹息而还。"说的是，王良是东海郡人。少年时爱好学习，也很清高。后来任大司徒司直。在位时谦恭而且节俭，不携带妻子同住官舍，盖着布制的被子，用着粗糙的瓦器。当时司徒吏鲍恢因为有事情去东海，到王良家里去看望他，王良的妻子布裙赤足，拉着一捆柴，从田中归来。鲍恢告诉她说："我是大司徒府的佐吏，特来取夫人捎给司直大人的家书，想见夫人。"王良的妻子回答说："我就是，辛苦你了，我没有书信可捎。"鲍恢向她下拜，叹息着返回。听到这件事的人没有不称赞王良的。

《后汉书·王良传》很短，但上面的故事却记载得很完整。范晔还评论说："王良处位优重，而秉甘疏薄，良妻荷薪，可谓行过乎俭。"

七、李恂：不接受馈赠

《东观汉记》卷十六载："李恂为兖州刺史，所种小麦、葫蒜，悉付从事，一无所留，清约率下，常席羊皮，卧布被，食不二味。""为西域副校尉。西域殷富，多珍宝，诸国侍子及督使贾胡数遗恂奴婢、宛马、金银、香罽之属，一无所受。"说的是，李恂任兖州刺史，带领大家耕种的小麦等物，一律归公。李恂清廉俭朴为下属作出表率，席上常垫着一张极普通的羊皮，盖着麻布做的被子，吃饭只有一个菜。后来李恂被委以西域副校尉的重任，西域这个地方很富庶，出产奇珍异宝，各小国的君主和官吏们按照惯例派人赠送李恂奴婢、大宛良马、香料毛毯、金银玉器等物品，可是李恂一样也没有接受。

《后汉书·李恂传》记载较为简单，没有对"所种小麦、葫蒜，悉付从事，一无所留"及"食不二味"等细节的描述。范晔称赞李恂："李叟勤身，甘饥辞馈。"

八、郑均：劝兄为官要清廉

《东观汉记》卷十四载："郑均，字仲虞，任城人也。治尚书，好黄老，淡泊无欲，清静自守，不慕游宦。兄仲，为县游徼，颇受礼遗。均数谏止，不听，即脱身出作。岁余，得数万钱，归以与兄，曰：'钱尽可复得，为坐吏脏，终身捐弃。'兄感其语，遂为廉洁，称清白吏。""章帝东巡，过任城，乃幸均舍，敕赐尚书禄，以终其身，故时人号为'白衣尚书'。"说的是，郑均，字仲虞，任城人。喜好黄老之书。他的哥哥为县吏，接受了很多别人的礼物，郑均多次谏阻，他的哥哥不听。郑均就脱身为别人工作，过了一年多，得到数万钱帛，他将钱带回来交给他的哥哥，说："钱用完了可以再得，为官者贪赃犯罪，一生都完了。"他的哥哥领悟了他的话，于是廉洁奉公。汉章帝刘炟东巡路过任城，亲临郑均家，命赐给郑均尚书的俸禄以终其身，所以当时人称郑均为"白衣尚书"。

郑均官至尚书，"数纳忠言，肃宗敬重之"。《后汉书》有郑均传，对上述故事也有记载。人们后来用"白衣尚书"形容那些辞官归乡后仍享受官爵俸禄的人。

九、魏霸：永远不忘本

《东观汉记》卷十三载："魏霸，字乔卿，为钜鹿太守，妻子不到官舍。常念兄嫂在家勤苦，己独专乐，故掌服粗粝，不食鱼肉之味，妇亲蚕桑，服机杼，子躬耕农，与兄弟子同苦乐，不得有异。乡里慕其行，化之。""魏霸延平元年仕为光禄大夫，妻死，长兄更为娶妻。妻至官舍，霸笑曰：'年老，儿子备具，何用空养他家老妪为？'即自入拜其妻，手奉案前跪。霸曰：'夫人视老夫复何中空，而远失计义，不敢相屈。'即拜而出。妻惭求去，遂送还之。"说的是，魏霸虽身为太守，但不忘本，常感念兄嫂在家之辛苦，因此自己穿粗布衣服，吃粗米饭，不食鱼肉之味，教育家人与兄嫂一家同甘共苦。魏霸的妻子死了，他的哥哥想要为其续弦，他却说："我已年老，儿子也已经有了，为何还要平白无故地养一个老妇呢？"魏霸说完，还到妻子的灵位前祭拜，说："我不敢再娶而委屈夫人。"他的哥哥只好作罢，打发那个女人走了。

魏霸于汉和帝时为钜鹿太守，为政宽恕。掾吏有了过失，魏霸先批评其错误，不改的才罢其官职。官吏有时互相诋毁，魏霸总是表彰官吏的长处，始终不言及人家的短处，于是诋毁者感到惭愧，官吏说坏话相互诬告之风得以平息。范晔称赞，魏霸临政，"亦称优缓"。《后汉书》有魏霸传，但却没有上述故事的记载。

十、祭遵：克己奉公

《东观汉记》卷十载："遵奉公，赏赐与士卒，家无私财，身衣布衣韦袴，卧布被终身，夫人裳不加彩，士以此重之。"说的是，祭遵一心为公，皇帝给他的赏赐，他尽数分给士卒，不置产业，家无余财，一生穿着朴素，盖着布被，夫人的裳也不求华丽，简朴至极。人们都非常敬重他。

祭遵少时爱读书，后为县吏，投奔刘秀后，跟随刘秀讨伐陇蜀，协助刘秀建立东汉政权，是东汉的中兴名将。《后汉书·祭遵传》对他的事迹记载得十分详实。"克己奉公""死而后已"都出自《后汉书》该传中。称他"清名闻于海内，廉白著于当世"。祭遵病逝于军中，临终前再三叮嘱左右，只用牛车运载灵柩，将他薄葬于洛阳。而左右随从问及家事，祭遵却没有一句话。祭遵死后，汉光武帝刘秀经常向群臣叹息："怎样才能再得到像祭遵那样忧国奉公的大臣呢？"

李沆不营私宅的启示

宋朝的宰相李沆，位极人臣，极其简朴，廉洁如玉，德操甚高，受到世人敬仰。《宋史·李沆传》载："李沆为相，正大光明。""世称沆为'圣相'。"尤其是他对住宅的看法，堪称人生真谛，真是让人耳目一新。

据《李沆传》载，李沆"治第封丘门内，厅事前仅容旋马。或言其太隘，沆笑曰：'居第当传子孙，此为宰相厅事诚隘，为太祝、奉礼厅事已宽矣。'至于垣颓壁损，不以屑虑。堂前药阑坏，妻戒守舍者勿葺以试沆，沆朝夕见之，经月终不言。妻以语沆，沆曰：'岂可以此动吾一念哉！'家人劝治居第，未尝答。弟维因语次及之，沆曰：'身食厚禄，时有横赐，计囊装亦可以治第，但念内典以此世界为缺陷，安得圆满如意，自求称足？今市新宅，须一年缮完，人生朝暮不可保，又岂能久居？巢林一枝，聊自足耳，安事丰屋哉？'"说的是，李沆的住宅，大厅前只容得下掉转马身。有人说这里太狭窄，李沆笑着说："这座宅子是传给子孙的，这里作为宰相议事厅确实窄了，作为居住和祭祀、行礼的大厅已经够宽敞了。"至于墙壁损坏倒塌,他也不介意。堂前的小花园栏杆坏了,他的妻子告诉管理的人不要修缮来试探李沆,李沆每天从此经过,却从不提起此事。妻子将此事告诉了李沆,李沆说:"怎么能拿这种事来分我的心呢?"家人劝他好好修缮住宅,他从不理睬。他的弟弟李维又提起此事,李沆说:"我享受朝廷丰厚的俸禄,还经常得到很多的赏赐,用这些钱财也可以修缮住宅,但是我想到人世间总是会有缺陷的,怎么能全都圆满如意,追求满足称心呢?现在修缮新的住宅,须一年才能修完,人的一生朝暮不可保,又怎么能长久居住呢?鸟在林中树枝上做个窝,就已经很满足了,为什么要修华丽的住宅呢?"

从上述李沆的言行中,可以看出以下几点:一是他十分清楚住宅的性质和用处。住房不是宰相府,不是议事大厅,不用那么宽敞,更不用摆阔气,讲排场;住房是要传给子孙继续居住的,能够居家过日子,行正常礼仪就足够了。二是他知足常乐不追求所谓的圆满。无论他是尊崇儒学的"外典"还是信奉佛教的"内典",总之他认为人世间的一切事物,都没有所谓的圆圆满满和称心如意,人生没有完美的,既然如此又何必非要在住房上追求圆满如意呢?三是他寻求的与之相比较的对象独特。他不与官宦的住房比,不与富豪的住房比,也不与普通民众的住房比,却偏偏与鸟儿的巢穴相比,如此比法,即使住房再破旧再狭小,也必然会好于鸟巢,还能有什么不满足的!李沆的"住房观",是何等的开明豁达,又"绿色环保",值得今人特别是那些领导干部去深思和效法。

而眼下揭露的贪官中,"房爷房叔""房姐房妹"为数不少,这些人动辄坐拥几套、十几套,甚至几十套房产,当然其中不乏豪华的别墅，有的人甚至跑到国外置办高档花园城堡，似乎房子越多身价越高。在贪官们的眼里，房子原本供人居住的属性，早已荡然无存，房子成了他们受贿洗钱的工具，行贿者也认为送什么都不如送房子实在和显得有诚意，这也助推了贪官收受房产之势愈演愈烈。房子成了他们赚钱的工具，收受的赃款多了放哪都不放心，于是乎炒房成了一个不错的选择，既购置了不动产，又在房价飙升后获得独特的快感，可谓是"物质精神双丰收"；房子还是他们炫耀的重要资本，时下如没有更多的房产，与普通民众一样，那不是白当一回官了吗？岂不知，尽管贪腐分子不乐意承认，但房子还有另外一个重要作用，那就是成了他们暴露自己罪行的重要突破口，有数不清的贪官因房子而身败名裂就是铁证。毋庸多言，贪腐分子聚敛房产，影响民众住房问题的正常解决，影响房价的合理波动，影响房地产业的经营发展，于党于国于民危害极大。根治这一问题，当然要多管齐下综合治理，在继续"打虎拍蝇"保持强势威慑力的前提下，在今后常态化的党的群众路线教育实践活动中，增加关于如何正确认识房产问题的内容，不妨好好读一读李沆的"论居第"，品一品其中的味道，弄明白房子就是供人居住的，无论是大小高矮新旧，舒适、方便、够用就行了，"广厦千间，夜眠七尺"，何必非要搞那么多套，不用与鸟儿相比，也不能与富豪们相比，千万不要把房子当成别的什么东西，免得反受其害。从治本的角度看，公职人员公示财产是必不可少的措施之一，当然目前全面推开好像时机尚不成熟。细节操作还需技术支持和精心筹划，对此急不得。不过是否可先搞公职人员的单一房产公示制度，借助不动产登记制度的建立,依托全国各地房产管理部门、日益成熟的强大信息联网系统,以核实公职人员自报房子数量的真伪。这样既能使腐败分子瞒报的房子无藏身之地,又便于广大民众的监督,消除由于贪腐官员大量囤积房子而给房地产业带来的一系列隐患,使房地产业今后能够正常发展。如此一来,原本购房困难的民众面对多房闲置的官员的怨气,也就自然得以消除。愿这一天能早日来到。

日夕师拜话张田

《宋史·张田传》很短，只有600多字，却记述了一个有包拯之风、欧阳修荐其才、苏轼欲向其看齐的廉吏——广州知州张田。之前，张田还做过湖州和庐州的知州，皆"治有善迹"。本传对张田任广州知州时的事记载得较为详细，读后给人以很大启示。

《张田传》载："临政以清，女弟聘马军帅王凯，欲售珠犀于广，顾曰：'南海富诸物，但身为市舶使，不欲自污尔。'作钦贤堂，绘古昔清刺史像，日夕师拜之。苏轼尝读其书，以侔古廉吏。"

这段话讲了三件事：一是张田的妹妹托付时任武胜军节度观察留后、侍卫亲军马军副都指挥使的王凯，想在广州出售珍珠、犀角等宝物以营利。张田却说，南海确实富有这类宝物，但我身为朝廷的市舶使，职责就是向前来贸易的船舶征税，代表朝廷采购舶来品，经管商人向皇帝进贡的物品，并对贸易市场进行管理和监督，如果自己或亲属染指这类买卖，就难以说清楚宝物是压价购买而来还是收受贿赂所得，我不能往自己身上泼污水。张田断然回绝了妹妹的要求。

二是张田为使自己始终保持廉洁，专门搞了个"钦贤堂"，绘制古代清廉刺史像悬挂其中，"日夕师拜之"。堂内的画像究竟仅仅是广州刺史中的清廉者，如晋代饮贪泉而不贪的吴隐之等人，还是泛指那些古代清廉刺史，已不得而知。"日夕"虽在古汉语中既指傍晚又指日夜，估计张田应是每天傍晚都要拜一拜古代廉吏像，以反思自己一天之中有无不廉之处。

三是张田有著作传世。张田著有《边说》七篇，还有诗作传世，其中最有名的诗篇是《龙隐岩》：

> 龙隐晦冥时莫考，龙骧拿攫迹堪惊。
> 孔明久卧养全德，老子忽飞归太清。
> 溪上一天常气胜，洞中六月自寒生。
> 至人不得无情处，甘泽年年洒百城。

大文豪苏轼常常阅读张田的作品，以便向廉吏看齐。

其实，张田最大的贡献是编辑整理了《包拯集》。张田早年进入应天府当差后不久，就被欧阳修赏识，欧阳修推荐他升任驻扎在瀛洲的广信军通判。当时朝廷于边关要冲驻扎军队，以控制形势，广信军就属其中之一。此时包拯恰好任瀛洲知州。张田为人耿直，不畏强权，敢说真话，对边防之策研究颇深。当朝宰相夏竦等人建议增挖边境七个郡县的水塘，以备御敌之用，召集各军通判商议。张田说："此非御敌策也，坏良田，浸冢墓，民被其患，不为便。"直接将权贵们脱离实际的馊主意否定了。张田为冀州通判时，太监张宗礼出使，经过冀州，张宗礼打着为皇帝办事的幌子，大耍淫威，酗酒闹事，违法乱纪，连太守都不敢管，张田却无所畏惧，径直上书朝廷举报张宗礼，使张宗礼受到了严厉惩罚。包拯对张田十分赏识，多次向宋仁宗举荐张田。张田也逐渐成了包拯的忠实门生。包拯去世后，其亲属将包拯生平所有奏议谏章的底稿交给已升任广州知州的张田。张田整理后，将一百七八十篇奏章文稿按内容性质分为应诏、致君、任相、择官等门类，编成《孝肃包公奏议集》流传于世，即今日读者所见到的《包拯集》。包拯夫人董氏去世后，应包拯女婿文效之请，张田为包夫人撰写了墓志铭。可以说，包公的完美形象得以千古流传，这里面也有张田的一份功劳。

张田受知于欧阳修和苏轼两大文豪，被包拯视为门生，仅此三点就足以使其青史留名。而张田作"钦贤堂"之创举，更表明其守住清廉完全是出于自觉、自愿，系志趣本性使然，按今日的话说，这已经超越"不敢腐"达到了"不想腐"的高度。看来，自律、自省、自警，确实是官员拒腐防变的一大法宝，古今概莫能外。当然，像张田这样以看得见摸得着的古代廉吏画像来进行自我反省、自我检讨，使内心的自律有了一个外部载体，着实令人敬佩。古希腊哲学家毕达哥拉斯就曾说过："不能约束自己的人不能称他为自由的人。"各级领导干部从披上官袍那一天起，就要下定决心廉洁从政、为民服务，要把严格自律的生活方式、从政方式当成目标，时时这样做才成，而不是喊喊口号，作作秀。要向影响和挑战自律行为的种种借口坚决说不。自律也要有一定的形式做支撑，因为内容与形式是辩证统一的，当前除积极参加"三严三实""两学一做"

教育外，个人也要像张田那样，借助一些适当的载体，如书写条幅、桌几上摆座右铭、每天写廉政日记、设置手机语音提醒等，从而培养自律的美德，保持心灵洁净、意志坚定，全心全意地为人民服务。

民众眼里的清官第一

张埙，清康熙十七年（1678）被选为河南登封县知县，在任五年，整肃吏治，兴办学堂，勤恳为民，深得百姓爱戴，辖区内呈现一派"官清民乐"的景象。大儒耿介感叹："近年来登封一带，仿佛变成另一个世界了。"张埙离任时，百姓拦路哭送，后来又在多处建起祠堂纪念他，称他为"天下清官第一"。

一、"不取一钱，不枉一人"。张埙被任命为登封知县后，便单骑赴任，途中与登封县衙的几名吏员同宿一个旅店，吏员们竟不知道他的身份。到任后，张埙发誓"不取一钱，不枉一人"，并在衙门前勒石立碑："永除私派"。所谓"私派"，是指按旧例，登封的官吏要经常向百姓征集珍禽异兽、名贵药材，以便送给高官。百姓对此苦不堪言。张埙对这种剥削百姓、讨好上司的做法十分反感，上任伊始就加以铲除，并设立检举和收集意见的箱子，让百姓将检举的信件和写有意见的字条自己封好投进去。几年来，此箱子里的信件，张埙件件过目，认真处理，"私派"的顽症在登封县内得以杜绝。

二、"大修学宫,复嵩阳书院"。张埙在全县大力兴办学校,从县城到边远地区,共建立学校21所。他还按时巡视,考查学生,亲自检验学生诵读经典的正误,用揖让进退的礼节来教导他们。尤其值得一提的是,张埙修复了明末毁于兵火的嵩阳书院,广纳学生,引进大儒耿介任院长,教授程朱之学。嵩阳书院是中国古代四大书院之一,宋代尤盛,"二程(程颢、程颐)"、司马光、范仲淹都曾在此讲学,司马光的巨著《资治通鉴》有一部分就是在此写作的。《清史稿·耿介传》称,时任河南按察使的耿介,辞官回归故里登封,笃于志向亲身实践,兴复了嵩阳书院。这里没标明年月,按《清史稿·张埙传》的记载,应该是张埙修复嵩阳书院后,"延耿介为之师",即请来清初中州著名学者耿介主持嵩阳书院。耿介在嵩阳书院一干就是20多年,使嵩阳书院得以名震中州,影响全国。书院的讲堂门楹两侧至今还有一副对联:"满院春色催桃李,一片丹心育新人。"今日的嵩阳书院已被列入《世界遗产名录》,每年都是游人如织。不知人们可曾记得复兴嵩阳书院的功臣张埙否?

三、"督之耕种""郊问所苦"。张埙召集流亡的人,督促他们耕种田地。他认真考察土地的状况,确定那里适宜栽种什么作物,然后督促百姓种植木棉及各种果树。空闲时间,他还骑着毛驴到各地访贫问苦,遇到民间有小诉讼,在田间地头就解决了。登封县西边有个叫吕店的地方,这里的人们一向好打官司。张埙发现里长张文约贤能,便推荐他制定乡约乡规,引导教化百姓,这里的民风慢慢变得淳厚朴实了。里长申尔瑞欠税将受杖刑,路上拾到别人用来交税的钱财后,仍归还给失主,宁愿自己受责罚。张埙认为他品德高尚,亲自登门表扬他。县衙门里过去有很多差役,由于诉讼官司越来越少,小吏大多回家拿起农具做农活了,因为在官府里没有办法挣到钱。张埙在任五年,老百姓都勤劳朴实,家里的积蓄一天天多起来,好多人家都在门额上写下"官清民乐"四个大字。

  清官,是自中国古代迄今民间百姓对好官的称呼,估计对好官还会一直这样叫下去。因为清官意味着一身正气、勤勉从政、敢于谏诤、秉公执法、爱民护民、严于律己、家教严谨。具有如此特征的官员,哪怕只具有其中的一两个特征也好,在任何年代都会受到民众的真心爱戴,今天当然也不能例外。清官的对立面是贪官,清官为民,贪官为己,是贪官还是清官,一目了然,一清二楚。党和政府的各级公务人员从担任公职的那天起,就要立志当一名好官清官,切记想发大财别入公门。习近平总书记多次说过:"当官就不要想发财,想发财就不要去做官。"要甘于做人民的公仆,要守得住清贫和廉洁,切不可嘴上喊着为人民服务,背地里却干着谋私利的勾当,要多为人民群众办好事、办实事,排忧解难送温暖,把百姓称呼自己为清官当作最高的奖赏。

"三不"刺史李幼廉

李幼廉，是南北朝时期北齐的官员，当过州刺史、大理卿，死后获赠吏部尚书。李幼廉一生都洁身自好、嫉恶如仇、廉洁从政，在佞臣充斥、腐败透顶的北齐政坛上，显得异常光彩耀眼。《北史·李幼廉传》为读者讲述了这位"三不"刺史的事迹。

一、拒收贿赂不改惩恶决心。李幼廉从小聪明好学，15岁就已经熟读了五经章句。清心寡欲，还是儿童时，就从来不对人家提出什么请求。有人曾经故意给他金元宝，他却始终不要，强塞给他，他就扔到地上。州牧认为他"蒙幼而廉"，便为他取名叫幼廉。后来，李幼廉当了南青州刺史，州"主簿徐乾富而暴横，历政不能禁。幼廉初至，因其有犯，收系之。乾密通疏，奉黄金百挺、妓婢二十人，幼廉不受，遂杀之"。说的是，李幼廉到任后拒收贿赂，严惩了前几任刺史都惩办不了的酷吏。

这里涉及一个量词：徐乾向李幼廉行贿"黄金百挺"，百挺到底是多少？"挺"，为量词，如十挺脯，即十条干肉。古时黄金都铸成一定形状,名为"锭",或三五两不等,在元朝以前一锭也称一挺。也有将"两"称"挺"的记载,在宋代,林亿校定东汉张仲景的医书《伤寒论》,曾在"三两"下注"三挺"。综合上述,"黄金百挺",应该是百两,或是百锭,或是百条,总之数量可观、价值不菲就是了。李幼廉不改清廉之心,拒绝巨额贿赂,依律斩了徐乾。

二、自尊自爱不去巴结权贵。先介绍北齐政坛上的两个大人物:祖孝征、和士开。祖孝征,北齐后主高纬继位后,大受宠信,官至尚书左仆射。祖孝征聚敛贪财,骄奢淫逸。和士开,北齐后主高纬在位时的尚书右仆射,堪称北齐头号奸臣,执政以来导致官场迅速腐败。李幼廉任朝廷大司农二卿时,正值和士开得宠至极,百官尽数设法向其献媚,唯有李幼廉见到和士开,只是双手抱拳高举过头作揖而已。

结果,李幼廉被和士开发配到南青州任刺史。李幼廉到南青州后,祖孝征向李幼廉索要当地特产——紫英石(矿石,亦是中药,溶解后具有暖宫、温肺、镇心惊的功效)。李幼廉回答说此地没有好的紫英石,祖孝征坚持索要,于是,李幼廉只给了祖孝征二两紫英石。祖孝征自然相当不满意,有人将此情况告诉了李幼廉。李幼廉大声说:"本人自结发从官,立誓不曲意求人,上天赋予我这样的品德,祖孝征能把我怎么样,如对我摧折损伤,无非就是发配并州罢了。"祖孝征真的就把李幼廉打发到并州任并省都官尚书去了。

三、介然独立不与浊流合污。北齐享国仅28年,历经六帝,后被北周攻灭。北齐多佞臣。北齐诸帝只有孝昭帝高演德才兼备,可惜高演仅在位两年,就坠马而死,北齐其余五帝均荒诞无耻。《资治通鉴》载，北齐后主高纬宠信奸佞，一些卑鄙小人整天在北齐后主周围侍候取乐，北齐后主便将这些人封王封侯，连斗鸡的也被封开府，甚至狗、马、猎鹰等也有仪同的封号，当时开府的竟有1000多人，被封为仪同的不计其数。本传也记载，"齐末官至三品已上，悉加仪同，独不沾此例"。李幼廉时为并省都官尚书。所谓并省是北齐在陪都并州晋阳（今山西太原）设置的另一套中央机构，其主官就是并省都官尚书，是文宣帝高洋于天保元年（550）设立的，一直延续到北齐灭亡。北齐核心人物大都起自晋阳，后来虽然定都邺城，但一直重视此地。李幼廉的官阶肯定是三品以上，却没有被授予仪同。遭此不公平待遇，李幼廉不悲反喜，称"我不做仪同，更觉得以此为荣"。这彰显了李幼廉誓不与那些奸佞之人为伍的高尚节操和独立傲骨。

　　李幼廉"蒙幼而廉"，即还蒙昧幼稚时，就已经能做到清廉寡欲，重温邓小平同志"法制教育要从娃娃抓起"的指示，看来廉洁教育也要从娃娃抓起才成，家庭的、学校的、社会的力量要齐动手，形成教育的合力，力争从小就打好基础，培养清廉做人做事的初心，牢记"不忘初心，方得始终"的道理。当然，说起来容易，做起来可能很难，但再难也要做，必须要做好才行。

平实当中见性情

李怀远，虽贵为武则天朝后期的宰相，但《旧唐书·李怀远传》中对他的记载却很少，只有四五百字，对他事迹的记载也不多。不过《旧唐书》中对他的评价却很高："守道安贫，怀远当仁。"他还有一段名言，让人读了就不会忘掉。

《旧唐书·李怀远传》载："怀远虽久居荣位，而弥尚简率，园林宅室，无所改作。常乘款段马，左仆射豆卢钦望谓曰：'公荣贵如此，何不买骏马乘之？'答曰：'此马幸免惊蹶，无假别求。'闻者莫不叹美。"

所谓"款段"马，是指行走缓慢的马，古人早就有这样的说法。《后汉书·马援传》载："士生一世，但取衣食裁足，乘下泽车，御款段马……斯可矣。"即人生一世，只要衣食足，乘便利的车，骑迟缓的马，就可以了。在唐代，"款段"的使用频率就更高了。李白的《江夏赠韦南陵冰》中也有"昔骑天子大宛马，今乘款段诸侯门"的诗句。

《旧唐书·李怀远传》中那段话说的是，李怀远虽然久居高位，但仍然崇尚简朴率直，他的园林住宅，没有改建过。他常常骑着一匹行走缓慢的马。与他同朝为官的左仆射豆卢钦望对他说："公荣贵如此，何不买匹骏马来乘坐？"他答道："这匹马稳当，可以免除受惊厥颠簸之苦，此外别无所求。"闻者没有不感叹赞美李怀远的。

《新唐书·李怀远传》也有"吾幸其驯，不愿它骏"。这就是李怀远身居高位而不买骏马的理由，多么朴实。对于文官来说，马只是代步工具而已，如果不是刻意讲究排场"结驷连骑"，马的优劣是完全可以忽略不计的。与武将骑马不同，武将需要驰骋疆场，骑劣马是万万不行的。李怀远的这个理由，虽没有华丽的辞藻，然而却源于真心、发自肺腑，让人感到可信可亲。因为平实最真实，真实又往往最见真性情。那么，李怀远又有着怎样的性情呢？

从本传看，李怀远身上有三个优点。

一是拒绝攀附高枝。邢州是李唐皇室的故里，李怀远作为李氏家族的一员，随便找一找，便可攀上权贵。他幼年成为孤儿，但好学不倦，善做文章。有同族人劝他早点依附于有地位的人家，以求今后的发展。李怀远断然拒绝说："凭靠他人势力，高士不为；借庇护求官，怎么能是我的志向。"后来李怀远科考中榜，被任命为司礼少卿。

二是拒绝出任家乡高官。一般来讲，当上高官衣锦还乡，是人生快事，能在家乡当"一把手"，更是求之不得的美事。李怀远入仕不久被任命为邢州刺史。李怀远认为邢州是自己的家乡，在故里掌政，难免被人情所累，便辞而不受邢州刺史一职，改任冀州刺史，后又任同州刺史。

三是拒绝奢侈保持俭朴。在任两州刺史期间，李怀远以清廉俭朴受到世人称赞。后入朝为官，大足元年（701），迁鸾台侍郎，寻同凤阁鸾台平章事。李怀远当上宰相后，却仍保持俭朴清廉的本色，不为自己修建豪宅不说，还骑着一匹行走迟缓的马，以至于引起另一位宰相的好心相劝。李怀远于神龙二年（706）去世，唐中宗特别赐给他锦被以作安葬之用，并且辍朝一日，还亲自写吊文来祭奠他。

在物欲横流的当下，读一读《李怀远传》，还是颇受启发的。其实，古代不贪图财富的廉吏劝诫人们远离物欲的俗语多得很。《说苑·臣术》载，齐景公把一个拥有千户人口的县邑赐给晏子。晏子辞而不受，说："八升之布，一豆之食，足矣。"即穿粗布衣服，有一盘食物，足够了。所谓"家财万贯，日不过三餐；广厦万间，眠不过三尺"。所有这些，都在告诫人们，人的一生衣食住行有所保障就应该知足知止。一个人过多地沉湎于物质追求，一定会被物欲牵着鼻子走，永远没有尽头，永远都会缺乏应有的幸福感。要战胜自己的物欲，这的确很难做到，但要有所作为，就必须战胜自己的物欲才行。

操守一贯是本色

徐邈,是三国时期曹魏阵营中的干将,曹操掌权时任魏国的尚书郎,陇西、南安两郡太守,魏文帝曹丕时任过几个郡的太守,后升任为抚远大将军司马懿的军师,魏明帝曹叡时任凉州刺史,齐王曹芳时回京任大司农、司隶校尉、光禄大夫,被提拔为三公之一的司空时,徐邈坚持推辞不接受,最后以78岁的高龄辞世。徐邈无论在哪里任职,政绩都十分突出,在凉州时"州界肃清";回京任司隶校尉,百官都敬畏他。徐邈多次获得皇帝的嘉奖。他更是以永葆本色、操守一贯著称。陈寿的《三国志·徐邈传》中,没有过多地写徐邈的文治武功,更多描写的是其清廉高尚、宽宏豁达的气节操守,盛赞其"是世人之无常,而徐公之有常也","国之良臣,时之彦士矣"。

一、"不能自惩,时复中之"。曹操执政时,徐邈任尚书郎。当时法令禁止饮酒,而徐邈却经常偷着饮酒直至沉醉不醒。一次,校事赵达向他询问公事,徐邈醉中便答非所问:"中圣人。"赵达将此事报告给曹操,曹操大怒。度辽将军鲜于辅进言说:"平常喝醉酒的人把清酒称为圣人,把浊酒称为贤人,徐邈性情谨慎重节操，只是喝醉酒才会说出这样的话。"徐邈因此得以免于刑罚，还晋升为太守。徐邈工作干得出色，但嗜酒的习惯却没有改。魏文帝到许昌视察，问徐邈说："经常作中圣人吗？"徐邈回答："过去子反因喝了家臣谷阳竖的酒而兵败自杀，御叔因饮酒失言而受罚，我的嗜好如同他们两人一样，'不能自惩，时复中之'，却不能引以为戒，还时不时地要'中圣人'啊。然而齐国的采桑女宿瘤正是因为长得丑才被齐王听说迎立为王后，我也正是因为醉酒才为陛下所识啊。"曹丕听了大笑，看着左右的人说："名不虚立。"（后演变为成语"名不虚传"）徐邈是这样的诚实坦荡，几句话里竟涉及三个典故，怎能不引起身为大文人的曹丕的好感。据《左传》载，晋、楚两军在鄢陵大战正酣时，楚军统帅子反喝了侍从谷阳竖递给他的酒，楚共王紧急召其商量军事时，子反却大醉不醒，不能前去，楚共王说："看来上天要楚国失败啊！"于是楚共王连夜率军逃走了，子反则引咎自杀。《左传》又载，使臣臧武仲出使晋国，因为下雨，就到鲁国御邑大夫御叔那里去看望御叔，御叔正在饮酒，对臧武仲很不礼貌，还说："哪里用得着圣人，我正要喝酒，他却冒雨前来，这算什么圣人。"结果，御叔因此语被国君处罚，让他加倍缴纳贡税。战国时期齐国采桑女宿瘤，脖颈长一大瘤，所以人称宿瘤女，因其聪明睿智、形象特殊，齐闵王娶之为后。

不久，曹丕迁升徐邈为抚军大将军司马懿的军师。晋朝袁宏在《三国名臣赞》中写道："景山恢诞……遇醉忘辞，在醒贻答。"

二、"进善黜恶""弹邪绳枉"。徐邈任过五六个郡的太守，在任太守期间的政绩史书以"所在著称"一笔带过，史书中主要写了他任凉州刺史时的事迹，这些事迹概括起来就是"进善黜恶""弹邪绳枉"，即进用贤善、黜退奸恶、惩处邪曲之人。比如，黄河西部地区少雨，经常被缺少谷物的问题所困扰。徐邈在武威和酒泉修建盐池，用盐来换取少数部族的谷物，广泛开辟水田，招募贫民租佃，从而使这一地区家家丰衣足食，官府的仓库也装满了谷物；又购买金帛和马匹，以供应中原地区；逐步收缴散在民间的兵器，保存在官府之中；宣讲仁义，教化百姓，建立学校，推行教育，禁止厚葬，取缔不合礼制规定的祭祀，良好的社会风气逐渐树立起来。百姓都衷心拥护徐邈。西域地区同中原的交往关系进一步发展，蛮荒地区的部族也前来进贡。徐邈对待羌人和胡人，不过问小的过错，若罪行严重，他便先通知其部落首领，让他们知道，然后再将犯死罪者斩首示众，所以少数民族部族信任和畏惧他的威严。他在任期间，凉州界内清静安宁，一片太平景象。

三、"忧国忘私，不营产业"。徐邈任职期间得到朝廷的赏赐，都分发给部下将士，从不拿到自己家中，他的妻子儿女经常衣食不足。皇帝听说后，对他予以嘉奖，并随时供给他家衣食等物资。徐邈去世后，朝廷追念清廉有节操的官员，下诏书对徐邈予以表彰："彰显贤良，表扬德行，为圣明的帝王所重视；尊崇善行以推行教化，为孔子所赞美。已故的司空徐邈、征东将军胡质、卫尉田豫皆在前朝任职，为四代君王服务，不论出外统率兵马，还是入朝协助处理朝政，都忠心清廉，一心为公，忧国忘家，不置办家产，去世后，家中没有多余的财产，朕对此深表嘉奖。现赏赐徐邈等人家属谷物二千斛、钱三十万，布告天下。"

四、"雅尚自若，不与俗同"。这是徐邈最突出之处。徐邈活得自在潇洒，一生保持清高的境界，从不趋炎附势，且干啥像啥，特有样儿。徐邈画画很逼真，画的动物竟能以假乱真。据《太平御览》卷750记载，《魏氏春秋》曰："徐邈善画，作走水獭，标于水滨，群獭集焉。"曹操当年重用毛玠、崔琰，这两个人都看重清高廉洁的名声，以致人们都改变服饰、车子来求得清高的名声，以求得仕途顺遂。可是徐邈不改变他常用的车子和服饰，以致人们认为徐邈行为放纵而不拘礼法。后来社会上挥霍浪费成风，大家互相模仿、效法攀比，但徐邈仍坚持平素朴实的作风，不与世俗同流合污，以致人们误认为徐邈这样做是不合群的。其实，这正是徐邈一贯的操守，保持自己的本色。当时就有人著书，称赞"徐邈志向高尚，品行纯良，才能广博，气质威猛。志节高尚却不过分洁身自好，品行纯洁却不孤傲，才能广博却能抓住要害，气质威猛却又宽厚待人。圣人认为做到清高的境界很难，对徐邈来说却是一件很容易的事"。徐邈高龄时，朝廷要拜其为司空，徐邈感叹说："三公是讨论国家大政的官员，没有合适的人选就应当空着，怎么能让我这样又老又病的人充任呢？"于是坚决推辞不接受。徐邈讲究实际，不图虚名，直到晚年还是如此。

分清官烛与私烛

南宋文学家周紫芝，号竹坡居士，著有《竹坡诗话》，全书共一卷记载了80则故事，其中有一个关于小小蜡烛的故事，很是发人深省：

> 李京兆诸父中，有一人尝为博守者，不得其名，其人极廉介……又京递至，发缄视之。中有家问，即令灭官烛，取私烛阅书。阅毕，命秉官烛如初。当时遂有'闭关迎使者，灭烛看家书'之句。廉白之节，昔人所高。

说的是，李京兆尹的伯父或叔父中，有一个人曾任山东博州的太守，但却不知其姓名。这个人极其清廉耿介。一日夜里，京城邮件到了，他便剪掉书信封口阅看，发现内有家书一封，即刻命人灭掉官烛，点燃自己携带的蜡烛阅读，家书阅读完毕再点燃官烛，继续阅看其他公文。当时就有"闭关迎使者，灭官烛看家书"的赞誉。他廉洁清白的节操，已经远远超过之前的人了。

这位李太守的行为，真是让人肃然起敬。然而，也许有人会说，这纯粹是小题大做，未免太过做作。就连周紫芝在故事的最后也写道"矫枉太过"，易生弊端。其实，完全不是这样的，李太守的行为无可厚非，不应对其评头品足、说三道四。是的，一根蜡烛，小事一桩，确实不足挂齿，但这却体现了公私分明的操守。北宋"二程"曾说过："一心可以丧邦，一心可以兴邦，只在公私之间尔。"公职人员没有公心，一切从私心出发，竟会使国家灭亡。可见克服私心杂念，培养和树立公心，是多么的重要。这又需要从一点一滴入手，才可以养成和做到。以现实情况来说，如果认为开公车办一次私事，用公款宴请一次私人朋友，用公家打印设备为子女复印一次教材，甚至报销一次因私事造成的花费等无伤大雅，久而久之，国家损失当然会增加，个人也会滋生更大的贪念，滑向违法犯罪的深渊。

　　公务人员尤其是领导干部，要做到公私分明、先公后私、克己奉公、公而忘私，这既是一种美德，也是自律规范。一是无论大事小事都要公私分明，尤要注意从小事做起，养成习惯。当官做人，不贪不占才是根本，要注重从小节来约束自己。在公与私之间，拉上电网画出红线。不管何时何地，牢记公款姓公，一分一厘都不能取之私用；公权为民，一丝一毫都不能为己谋利。二是无论公开场合或私下里都要公私分明，独处时更要高度自觉。始终做到有人监督与无人监督时一个样儿，不占公家一点便宜。像李太守那样，即使是深夜里、在自己的家中，依然公私不混。三是无论是任要职还是当小吏都要公私分明，官越大越要不忘初心。人往往是官卑职小时，尚能做到谨小慎微，也容易做到公私分明。一旦官当大了，说话有人捧了，办事有人帮了，就往往放松警惕和要求，在不知不觉中，模糊了公与私的界限，不该享受的都享受了，不该往家拿的都拿了，须知这是最危险的信号，再发展下去就会跌进"天下为私"的泥潭。愿"天下为公"成为所有公仆的终生信仰与不懈追求。

细说戒石铭

"尔俸尔禄,民膏民脂,下民易虐,上天难欺。"即你们做官所得的俸禄,都是人民的血汗膏脂;虽然百姓容易被残害,可是天地的主宰却难以被欺骗。这十六字被称为"戒石铭",宋太宗赵光义令州县将这四句话刻于石碑上,立于官衙的大堂前,称为"御制戒石铭"。到了元代,更有廉吏将宋太宗的"戒石铭"改为:"天有昭鉴,国有明法,尔畏尔谨,以中刑罚。"以突出国法的威严。明代朱元璋也明令各州县,俱立"戒石铭"于衙署堂前并建亭保护,称"戒石亭"。清代则将"戒石亭"改为牌坊,故又称为"戒石坊"。总之,宋代以后至清代,"戒石铭"遍布全国大小衙门,这"十六字"诀堪称官箴中的极品。

其实,"戒石铭"源于割据四川的蜀主孟昶的《颁令箴》。南宋洪迈《容斋续笔》中的短文《戒石铭》说清了这一点:"'尔俸尔禄,民膏民脂,下民易虐,上天难欺。'太宗皇帝书此以赐郡国,立于厅事之南,谓之《戒石铭》。成都人景焕有《野人闲话》一书,乾德三年(965)所作,其首篇《颁令箴》,载蜀王孟昶为文颁诸邑云:'朕念赤子,旰食宵衣。言之令长,抚养惠绥。政存三异，道在七丝。驱鸡为理，留犊为规。宽猛得所，风俗可移。无令侵削，无使疮痍。下民易虐，上天难欺。赋舆是切，军国是资。朕之赏罚，固不逾时。尔俸尔禄，民膏民脂。为民父母，莫不仁慈。勉尔为戒，体朕深思。'凡二十四句。昶区区爱民之心，在五季诸僭伪之君为可称也，但语言皆不工，惟经表出者，词简理尽，遂成王言，盖诗家所谓夺胎换骨法也。"

孟昶，系五代十国时期后蜀的末代皇帝。鉴于前朝国君因吏治腐败而亡国的教训，孟昶于广政四年（941）亲自撰写了24句96字的《颁令箴》，颁于郡国各府衙，使官员们能时时提醒自己，以促进邦国的长治久安。尽管后世学者认为《颁令箴》"语言皆不工"，但在用典上还是很有讲究的，如"政存三异""留犊为规"等，足见其良苦用心。"政存三异"说的是，东汉和帝时，鲁恭任中牟县令，他勤于政事，注重教化，不用和少用刑罚，官吏与百姓都非常敬重他，甚至连蝗虫都不飞入中牟县境。河南尹袁安怀疑所闻不实，派下属去察访。鲁恭与下属两人走过田间小路，坐在一棵桑树下，正好有一只野鸡落在树旁，这时有一个小孩也在。下属便问小孩：你为什么不去捉这只野鸡呢？小孩说：它将要生养小鸡呢！下属站起来说：蝗虫不入县境，是一异；教化及鸟兽，是二异；儿童怀有仁心，是三异。下属将情况报告给袁安。袁安赞赏鲁恭的政绩，上奏朝廷对鲁恭加以重用。

"留犊为规"则说的是，汉献帝建安十八年（213），寿春县令时苗赴任时不骑马不坐轿，乘坐一辆黄牛车前往。当地老百姓称他为"黄牛令"。他在任期间一身正气，两袖清风，为百姓办了很多好事,受到民众的赞扬。时苗在任一年多时间里,黄牛生下一牛犊,他离任时,群吏和百姓都说"六畜不识父,自当随母",力劝他将牛犊带走。但他却对众人说:"这头小牛是在你们的土地上生的,非我所有,我不能带它回家。"说毕,就将小牛留下,仍乘坐来时的牛车而归。老百姓深受感动,纷纷跑来夹道送行。

孟昶如此引经据典、苦口婆心,就是希望属下官吏能如鲁恭、时苗那样,清廉为政,不贪不占,不虐待百姓,确保国泰民安。其实,孟昶还是个地道的文人,对传承儒学经典也有特殊贡献。孟昶主持刊刻"十一经",即在唐朝"九经"基础上,收入《孟子》等经典,使《孟子》首次被收入诸经之列。其后,南宋大儒朱熹将《大学》《中庸》《论语》《孟子》并列,并为官方所认可,形成了今天人们所熟知的"四书"。据说,孟昶还是春联的首创者。不过现今的学者们通常认为春联始于五代。《宋史》载:孟昶"每岁除,命学士为词,题桃符,置寝门左右。末年,学士幸寅逊撰词,昶以其非工,自命笔题云'新年纳余庆,嘉节号长春'"。这大概是史书记载最早的春联吧。

孟昶亲政后,着力整顿吏治,煞费苦心地告诫下属,也确实为国为民办了些好事。但在他的帝位巩固后不久,他骄奢淫逸的本性便暴露出来,他整日跑马打球,沉溺迷恋女色,不理朝政要务,导致国力急剧下降。965年,北宋派兵仅用两个月就攻下成都。孟昶出降,传位两代,偏安一隅,享国40年的后蜀就此亡国。

然而,源于孟昶的"戒石铭",却永久流传了下来。

清廉方为七分人

《芙蓉镜寓言》是明代江东伟（字清来，号壶公）以《世说新语》体写作而成的，"寓言如镜，照尽历来掌故"。与《世说新语》不同的是《芙蓉镜寓言》每个典故之后，均有作者精当简略的评语，书中自序言此书"既扫理障（邪念障碍真知），又绝绮语（花言巧语），一棒一喝，令人当下了悟"。笔者以为此书确实值得一读。

书载："杨伯子言：'士大夫清廉，便是七分人了。盖公忠仁明，皆自此生。'壶公曰：'不清不廉，便没半分人了。'"

杨伯子即杨长儒，著名诗人杨万里之子，字伯子，历任永州零陵主簿、庾州节度使、敷文阁直学士。其父爱国忧民、耿直刚正的美德，给了他很大影响。他为官清正廉洁，政绩斐然，生活俭朴。杨长儒十分同情贫苦民众，把自己节衣缩食省下的700万俸金"代上户输租"，深受百姓爱戴。当时就有人写诗："两年枉了鬓霜华，照管南人没一裾。七百万缗都不要，脂膏留放小民家。"其父在老家留下的一栋祖宅，陈旧破损，仅能避风雨，他却不肯花一分钱修缮，并且"三世不增饰"。

杨伯子的清廉品格受到朝野人士的一致赞誉。宋宁宗因他管理湖州成绩显著，要赏赐财物给他。杨长儒坚决不肯接受，宋宁宗称他为"不要钱的好官"。《宋史·真德秀传》载："言崔与之帅蜀，杨长儒帅闽，皆有廉声，乞广加咨访。"即真德秀对皇帝说，崔与之治理川蜀，杨长儒统辖福建，都有廉洁的名声，希望皇帝对他们加以重用。陆游作诗《次韵和杨伯子主簿见赠》："谁能养气塞天地，吐出自足成虹蜺。"戴复古也写有《访杨伯子监丞自白沙问路而去》："龙不为霖出，凤于何处藏。"两位大诗人以诗句来赞美杨伯子高洁清廉的人格。杨长儒又是个有名的诗人，陆游曾称赞他："大篇一读我起立，喜君得法从家庭。"

  杨伯子能说出"清廉便是七分人""公正、忠诚、仁义、明鉴都由清廉而生"这些惊世骇俗之语，是有其高尚的节操做底蕴的。而江东伟"不清不廉，连半分人都不是了"的评语，与宋代罗大经"士大夫若爱一文，不值一文"（出自《鹤林玉露》卷十四）的说法如出一辙，更是从反面印证了杨伯子的论点。可见，古时的儒者是何等看重为官者清廉的品格与操守。

  怎样理解"七分人"与"半分人"？笔者以常人之心揣摩，似乎有两点解释：一是清廉是做人为官的基础，基础不牢，地动山摇。古人早就有"至论不如清"（出自唐代诗人杜荀鹤《送人宰吴县》）的诗句，说的是任何美好与高明的言论都不如为官清正廉洁。有了清廉，为官应具备的种种美德，诸如公正公平、爱民为民、敢于担当、洞察秋毫等，就会应运而生，为官也才不至于为自己、为家庭、为积财，最终走到邪路上去。二是金无足赤，人无完人，没有人能够一贯正确，能做个七分人，就已经是很不错了。即七分是成绩，三分是缺点错误，它从宏观上肯定了一个人的本质和基本成绩，既指出缺点错误，又说明其成绩，防止以偏概全，夸大缺点、错误。在现今的社会环境下，作为一名党员领导干部，能争取到人民和自己都打出及格分，已经很不容易了，最重要的是以平常的心态，甘当普通人，耐住寂寞与清贫，任何情况下都不搞行贿受贿，凭真才实学去打拼，以踏实干成事为荣，保住自己的人格底线，先讨得算个"七分人"的美誉，再去争取另外的"三分人"。正如有副名联所说："清廉便算七分人，公生明要到十分地步。"宋代哲学家邵雍的诗作《十分吟》也称："所谓十分人，须有十分真。"而"半分人""不值一文"，就不成了，会立马被打入贪官、坏人之列。这全要归咎到不清不廉的恶行之上。党员领导干部都须当个"七分人"，万万不能去充当那个"半分人"啊！

要敢打送礼行贿者

粗翻典籍，可以看到古代廉吏却礼拒贿的行为，大体上可分为四种情况。

一是坚决不收。如尽人皆知的公仪休拒鱼、子罕拒宝、杨震拒金的故事。

二是震慑送礼者。明末刑部尚书范景文在衙门口立一牌子："不受嘱、不受馈。"以警示那些想来送礼行贿者。清代福建巡抚张伯行撰写《禁止馈送檄》："谁云交际之常，廉耻实伤，倘非不义之财，此物何来？"贴于居所院门及巡抚衙门。清代张鹏翮任吏部尚书近10年，在府邸的厅堂，立了一尊关圣帝君塑像，周仓持刀威严旁立，每逢有人以私事请托时，他便指着塑像说："关帝君在上，岂敢营私徇隐？"以打消登门请托者的邪念妄想。

三是收而封存。对家人不知情而收下的财物，情况特殊无法拒收的，予以封存不用。如苏琼悬瓜、周新悬鹅、羊续悬鱼、山涛悬丝、刘温叟封钱，这些廉吏的拒贿佳话，至今仍历久不衰。

四是惩罚送礼者。此类廉吏也不乏其人。《三国志·胡质传》载，胡质担任荆州刺史时，其子胡威自都城前来探望。告辞返京时，胡质帐下的一名都督，在胡威未出发前就请假回家，暗中在胡威必经之路置下所需物品，并在百余里外等候胡威，邀胡威为旅伴，并事事帮助胡威，二人一起行走数百里。胡威心中疑惑，就引他说话以探求实情，得知其是父亲帐下的都督，为博得胡质的好感，在胡威归家途中曲意巴结，并辗转地让胡质知道此事。胡威给了那名都督相应的酬金后立即与其分手，并在信中将此事告诉胡质。胡质责打那名都督100杖，革除了他的官职。《梁书·顾协传》载，顾协任廷尉正期间，严于律己。他的属下看他"冬服单薄"，想送他衣服也不敢轻举妄动。他的一位门生"知其廉洁，不敢厚饷，止送钱二千"，顾协还是怒不可遏地将这个门生重打20杖，以后吏员们再也没人敢送礼给他了。

《南史·郭祖深传》载，郭祖深担任南津校尉时，他"常服故布襦，素木案，食不过一肉。有姥饷一早青瓜，（郭）祖深报以疋帛。后有富人效之以货，鞭而徇众"。同样是送礼，老妇人送瓜，他收下了，并用重礼予以回报；富人送货，他却对富人施以鞭刑示众。因为老妇人送瓜并非行贿，是出于对他的关心爱护；富人送货则是行贿，意有所图。

此外还有收后上缴等情况，就不一一赘述了。上述廉吏却礼拒贿的行为，时至今日仍值得党员领导干部学习和效法，在强调"受贿行贿一起查、一起打"的今天，尤其要借鉴古代廉吏惩罚送礼行贿者的做法和经验。这就要大力破除"当官不打送礼者"的旧观念。不可否认，中国是个礼仪之邦、人情社会，如果局限在礼尚往来范围内，有人给为官者送点小礼，作为受礼方确实用不着大惊小怪，拒收或退回也就算了。问题是，时下的送礼者都与行贿者画了等号，其目的性极其明确，那就是谋求高位与瓜分利益，称之为送礼行贿者最为贴切。为官者对这样的送礼行贿者，要恨起来，要喊打，且要予以重打，不能只拒收了之。

  道理很简单，既是送礼行贿者，往往为谋求各种非法利益。不走正路走邪路，说明其道德品质极差。送礼行贿者的钱财，一定是来路不清，多属贪贿所得，因此才出手大方而又不心痛。送礼行贿者一旦得逞而晋升高位，必然会在更大的平台上去贪污，利用手中的权力，把送出去的所谓损失疯狂地捞回来，祸害百姓，为害一方。当然，要打送礼行贿者，也不能像古代廉吏那样直接予以鞭刑和其他惩罚。有效的办法是，将送礼行贿者的行径如实地报告给组织和党委，在自己职权范围内，将送礼行贿者列入黑名单，不予提拔重用，对送礼行贿者中情节严重有可能构成违纪违法的，直接转报监察或政法部门，力争早日查办，以消除隐患，防止带病提拔问题再现。其实，我党早就有这方面的优良传统。罗瑞卿大将对送礼之人的做法通常是：礼退回，人处分。一旦党员领导干部都能对送礼行贿者既喊打又敢打善打，那么送礼行贿者就会立刻没有了市场，"山清水秀"的政治生态就不再是一种奢望。

为官清廉贵在养成

清代陆陇其的《莅政摘要》中有一段话，给人以很大启示："州县最为亲民，服是官者不惟关系民生，我辈终身事业俱托于此，故持身欲清，事体欲练，处事欲平。然非仓卒可至，必平时以苍生名教为己任，躬率妻孥，崇尚俭朴，则资于官者必少。凡事关吏治民生，一一留心则得之，闻见有素，随事反观变化气质，然后能清、能练、能平。若求之当官，晚矣。"

从字面上看，这段话似有三层含义：一是要把当个州县官作为自己的终身事业。州县官员与百姓最为亲近，州县官不仅关系到民生大计，而且我辈的终身事业都寄托在这里。因此，做官持身要清廉，办事要干练，处事要公平。

二是要当好州县官贵在平时的观察与积累。如何能做到"欲清""欲练""欲平"？这些并非一时即可办到的，关键在于平时的学习与积累。平时一定要以关心民众疾苦、推行教化为己任，凡有关国计民生的事情一一留心，就会知道该怎么办理。听到的、见到的越来越多，随时随地加以考察，然后才可能做到清廉、干练、公平。

三是指望当官以后再提高能力为时已晚。如果平时不注意、不思索，只等官位到手，指望能力与水平自然而然地就有了，那是不可能的，那也就晚了。

笔者以为，陆陇其这段话的精华在于"持身欲清""然非仓卒可至，必平时……躬率妻孥，崇尚俭朴，则资于官者必少"。说的是，要做到为官清廉，一定要平时亲自带领妻儿崇尚俭朴，这样一来，需要依托官方的事情必定不多。在这里，陆陇其说出了一个极其深刻的道理：为官清廉，决不是当官以后自然而然立马就能做到的，它需要平时的养成，需要与妻子儿女共同崇尚俭朴的美德，习惯于过常人的日子，习惯于清贫与寂寞，总之要养成清廉的生活方式，并以此为常态，不寄希望于入仕以后能有多大的改变，如此才能防止当官以后由俭入奢滑向腐败的深渊。正所谓为官清廉贵在平时养成，贵在尚未当官时的习惯养成，完全指望为官以后的学习与教育，是远远不够的。

陆陇其有如此见解，与其渊博的学识、为官的经历分不开。陆陇其于康熙九年（1670）考中进士，后官至嘉定知县、四川道监察御史。陆陇其做学问，专以朱熹为宗师，其一生著作颇丰，常记载廉吏的言行，并汇编成《莅政摘要》，供自己闲暇时阅读参考。是清代以名臣身份从祀孔庙东庑的大儒之一。

陆陇其做官崇尚实政，生性恬淡清高，不为名利所拘，"以兴利除害、移风易俗为己任""以德化民"。遇到父亲告儿子不孝，便含泪进行劝说，以致儿子搀扶着父亲而归；遇到弟弟告哥哥,便调查出挑唆者施以杖刑,以致兄弟二人都感动悔恨;遇到财产官司,不用差役去逮人,属于宗族内部争讼的,便让其族长去治办,有时也让原告、被告都到县衙来进行调解,称为"自追"。陆陇其多次被推荐为清廉官,几次离任,百姓都是含泪相送。《清史稿·陆陇其传》载:"陇其官止御史,而廉能清正,民爱之如父母。"时人称赞他"有官贫过无官日,去任荣于到任时"。

受陆陇其上述名言的启示,有志为国为民做事的人,不管外边世界有多么精彩,诱惑有多么大,自己内心一定要坚定,带领家人养成过俭朴生活的习惯,打牢清廉为官的初心与底色。无论走到哪里行至多远,都以过俭朴生活为荣,以奢侈腐化为耻,扎扎实实地践行为人民服务的宗旨。

去时还似来时贫

卸职或离任，对于官员来说，是个重要节点，因为任职结束了，好与差都已成了过去，可以有个定论了。官员此时敢不敢在发表离职感言时，为自己的廉洁状况打满分，是个很大的心理考验，更是对其是否保持初心，是否践行"廉洁奉公"誓词的最好检验。笔者曾听到过一些官员的离任讲话或简短感言，其中不乏感人至深的，但明白地讲清楚自己在任期内，钱包没鼓财产未增，一如既往宛如来时的，却凤毛麟角。原因无外乎，目前上级还没有这方面的硬性要求，既然别人没讲，自己也不好带这个头。有些人恐怕是做得不够好不便讲。至于那些在职期间贪占受贿忙得不亦乐乎之辈，就更没办法讲了。然而，找个适当的机会和合适的场合，让离任的官员把任期的廉洁状况讲清楚，让属下和治下的民众听得明明白白，还是十分必要的。

史上说清楚的廉吏不少，他们纷纷以诗言志，有的说明自己的贫富状态。如明代河南信阳知州胡守安，为官清廉，任期结束到城隍庙拜谒。所谓城隍是传说中守护城池之神，明代以后，各地的城隍由殉国而死的忠义之士或是正直的历史人物担任。胡守安等于是向神灵做离职汇报，他当即作诗一首《任满谒城隍》："一官到此几经春，不愧苍天不负民。神道有灵应识我，去时还似来时贫。"全诗气势豪放，率真流畅，无一难字，无一用典，平平淡淡，明明白白，却耐人寻味。看似向城隍表忠心，实则是向朝廷、向治下的百姓表明心迹。这几句诗，是一种宣言，更是其自身从政情况的真实写照，胡守安保持和坚守了初来时的那份清醒、清白、清廉和清正。

来时贫穷去时仍旧贫穷，与"三年官衙府，十万雪花银""千里做官只为钱"的为官信条相比，是何等崇高的境界，也足以让近来被揭露出来的那些大"老虎"汗颜。他们哪个不是几年任期下来，不但自己捞得脑满肠肥、藏金匿银，而且家人与亲戚也都富得流油，真可谓"不亏自己不负家"。

有的以行装来表明心迹。如明代苏州知府况钟，他到任身居陋室，未铺设奢华之物，三餐佐饭，仅一荤一素。况钟严惩污吏，平反冤狱，兴修学府，关心民众疾苦，被誉为"况青天"。在饯别苏州父老的《离任》一诗中，况钟写道："检点行囊一担轻，长安望去几多程？停鞭静忆为官日，事事堪持天日盟。"明代还有一位叫刘庆麟的巡抚，为官清廉自守，直到退休也未收受过一份馈赠。在他卸任归隐时曾在衙中题诗一首述怀："来时行李去时装，午夜清天一炷香。描得海图留幕府，不将山水带还乡。"

"检点行囊一担轻""来时行李去时装"，多么形象的说法，上任时的行装便是离职时的全部家当，一点也没有增加，清廉状况一目了然。而今的大"老虎"们，待到被查抄之际，个个都家藏万贯，珍宝多得数不清，现金堆得查点时甚至烧坏多部点钞机，洋房别墅则遍布一线城市，到头来却身陷囹圄一场空。

有的连当地的一点土特产都不带走。如清代的蔡信芳，道光年间任陕西蒲城知县，他重土爱民，颇有善政，离任回乡时，曾写《留别绅民》四首，其中一首写道："罢郡轻舟回江南，不带关中一点棉。回看群黎终有愧，长亭一别心黯然。"

元代张养浩《为政忠告》中有句名言："为政者不难于始，而难于克终也。"每一名党员领导干部都要始终绷紧党纪国法这根弦，内心要永远坚信遵纪守法、端正作风、抵制腐败没有休止符，只要在任一日就要严于律己，做到清廉二十四小时，在离任之际，向党和人民交上一份满意的答卷。

子罕的"折冲千里"与品德修养

近来看《吕氏春秋》，被一个故事深深吸引。

书中载：楚国人士尹池出使宋国，司城子罕在家里宴请他。子罕家南边邻居的墙向前突出却不拆了它取直，西边邻居家的积水流过子罕家的院子却不加以制止。士尹池询问这是为什么，司城子罕说："南边邻居是做鞋的工匠，我要让他搬家，他的父亲说：'我家做鞋谋生已经三代了，如果现在搬家，那么宋国那些要买鞋的人，就不知道我的住处了，我也将不能谋生。希望相国您怜悯我。'因为这个缘故，我没有让他搬家。西边邻居家院子地势高，我家院子地势低，积水流过我家院子很便利，所以就没有制止。"

士尹池回到楚国，楚王正要发兵攻打宋国，士尹池劝谏楚王说："不可攻打宋国，它的君主贤明，它的相国仁慈。贤明就能得民心，仁慈别人就能为他出力。楚国去攻打宋国，大概不会成功，而且还要为天下所耻笑。"楚王遂放弃了进攻宋国的想法，转而去攻打郑国。孔子听到这件事后说："夫修之于庙堂之上，而折冲乎千里之外者，其司城子罕之谓乎！"即在朝廷上修养自己的品德，却能制胜敌军于千里之外，这大概说的就是司城子罕吧！

这就是"折冲千里"的故事。所谓"冲"，本义指冲击敌城的战车；"折冲"，就是战胜敌人，使敌人的战车后退、折损。孔子讲了这句话以后，被后世好多人引用。《后汉书·贾复传》载，"光武中兴"时的名将贾复，被刘秀称赞"贾督有折冲千里之威"。《三国志·步骘传》载，步骘以"贤人所在，折冲万里"为由，希望吴太子为国为民广揽贤才。看来，凭借高尚的品德，使敌人感到畏惧，从而战胜远方的敌人，是折冲千里乃至万里的全部含义。那么，究竟什么品德，才有如此威力？还是回到子罕身上来加以琢磨。翻遍《左传》，发现子罕还真是不得了。

子罕廉洁不收玉，几乎尽人皆知。《左传·襄公十五年》载，宋国有人得到一块美玉，把它献给子罕，子罕不接受。子罕说："我以不贪为宝，尔以玉为宝。若以与我，皆丧宝也，不若人有其宝。"献玉人说："小人怀藏玉璧，不能穿越乡里，把它献给您是用来请求免于一死的。"子罕就把美玉放在自己的住处，把玉加工后卖了出去，把钱给了献玉人并送他回家。《左传·襄公六年》载，宋国大夫华弱、乐辔两人在朝廷上嬉戏又互相诽谤，宋平公看见后只将华弱驱逐出境。子罕说，同罪异罚不妥，也应处理乐辔。事后乐辔竟口出狂言，还用弓箭射子罕家的大门，子罕还是跟从前一样善待他。这件事体现了子罕公正、宽厚的品性。而《左传·襄公十七年》记载的事情，则反映出子罕对国君的忠诚。宋平公派劳工为自己修建台观，妨碍了农事，子罕请求平公，等农事完成后再建台观，平公不答应，劳工唱歌谣赞美子罕，讽刺平公。子罕听到后，亲自监工，说："我们这些小人都有房屋来躲避风雨，现在国君要建造一座台观为什么不可以？"唱歌的人便不唱了。子罕说："宋国这么个小地方，如果有的受歌颂，有的受诅咒，那就是祸乱的根源。"《左传·襄公二十九年》载，宋国发生饥荒，子罕向宋平公请示，拿出国家的粮食借给百姓，并让大夫们都借给百姓粮食。子罕借给百姓粮食不要借据，还替缺少粮食的大夫借粮给百姓。结果，大灾之年宋国竟没有挨饿的人。这反映了子罕爱民的品格。

上述廉洁、谦让、忠诚、爱民的品格，加上文章开头故事中体现的仁慈和节俭，子罕可谓厚德之人。这些美德，就是子罕"折冲千里"之威的源头。春秋时期，诸侯林立，在影响力最大的14个国家中，就有宋国这个地界仅限今河南商丘的小国。宋国因宋武公名字叫司空，故改司空为司城，权同司空。按惯例各国都在司空、司徒等六卿之中选一贤者执政，子罕就是以司城的身份在宋国执政，历经平公、元公、景公三朝，直至身终。其间宋国虽没能称霸，但处在齐、楚、晋三个大国之间，一直没有受到攻击，四方边境都很安定，子罕功不可没。

其实，有"折冲千里"之威的人才，绝不只在捍卫国家安全、遏制战争方面发挥作用，在任何地方、任何战线上，都是能产生奇效的。因为只要有这样的人坐镇，对于想搞歪门邪道甚至黑道的人来说，都是极大的震慑，足以让他们望而却步、退避三舍。据说有位老领导，特别亲民、务实又极低调，当年在某直辖市任市委书记时，一次会议上问一位抽中华烟的官员收入几何，何以能够抽得起这等好烟。此后竟没有人敢当他的面再抽中华烟了。可以说，这位老领导就有"折冲千里"之威。现在的各级领导，都要加强修养磨炼品格，使自己能成为"折冲千里"式的人物。比如，在一个地方当纪委书记，就应当让那些贪欲横流的人心里害怕，不敢放肆地收受贿赂；当公安局长，就应当能震慑住那些黑帮恶霸，使他们不敢在当地肆意作案；当食品药品监管局长，就应当让造假贩假者心里哆嗦，不敢明目张胆地坑人害人。各级人民法院，如果有相当数量的法官，政治坚定、公平执法、拒收贿赂、秉公办案、案结事了，个别案件的当事人就是急红了眼睛想胜诉，也不敢在这样的法官面前，不择手段地真假证据胡乱抛，请吃行贿一起来。这就是法官的"折冲千里"之威。培养这样的法官，要做的教育管理工作很多，但最终要落实到树立廉政观念、强化公正意识上来，使法官们牢记：法官是公平正义的化身，收礼受贿既玷污法官形象，严重干扰公平正义的实现，又违法犯罪。具有"折冲千里"之威的法官逐渐多了，我国的法制建设才会有雄厚的基础。

要重视拒贿的好干部

　　眼下，纪检、监察部门办理贪腐案件时，往往是"拔出萝卜带出泥"，一挖一串，一查一窝，特别是逮住一个大的行贿者时，一般都能揭露出若干名受贿的官员。这无疑是件好事，一案变多案，有利于纯洁干部队伍，有利于反腐败行动迅速取得成效，人们对此都拍手称快。但是，在办理这类案件时，却很少听说某某官员拒贿了，起码在各类媒体网络上鲜见这样的报道，好像案件所涉及的官员"一给就要""一查就倒"。其实不然，官员坚决拒贿的事件，在办理贪腐案件时也经常被发现。但由于查处案件时，办案人员偏重于挖线索、找证据、定罪行，忽略了对拒贿官员的注意，发现了拒贿线索，马上就投入到对另一个受贿行为的审查中。这不大妥当，多少有些孤立办案之嫌，不符合办一案要出多种成果，实行综合治理的要求。对行贿人除了要问"谁收了"也要问"谁没收"，要从行贿人藏匿在电脑、U盘、小本子等处的行贿数据中，揭露出受贿者，也要从中发现那些拒贿的官员。对发现的拒贿好干部，要以多种形式，如纪检简报、检察建议等，提供给上级组织部门和同级党委，以便把它作为考核该干部的重要依据之一，为落实"德才兼备、以德为先"的用人政策，添加些许正能量。

《资治通鉴》有个故事很生动。该书第243卷载，户部侍郎牛僧孺向来被唐穆宗李恒所器重。当初，宣武节度使韩弘的儿子右骁卫将军韩公武，为了巩固其父的地位，向朝廷内外的许多掌权官员行贿。后来，韩公武去世，接着，韩弘也去世了，韩弘的小孙子韩绍宗继承家业。这时，韩绍宗的家奴和韩公武手下的官吏，向御史台举报韩公武行贿的问题。唐穆宗怜悯韩绍宗，于是，把韩弘家里的财产登记本全部调来，亲自审阅。经审阅发现朝廷内外凡当权的官员，大多接受过韩弘的贿赂。登记本上只有一处用红笔小字记载着："某年某月某日，送户部牛侍郎钱一千万，拒而不收。"唐穆宗看后大喜，拿给侍从看，并说："果然不出我所料，我没有看错人！"过了不久，任命牛僧孺为中书侍郎、同平章事，将牛僧孺提为宰相。可以说，牛僧孺就是在办案时被发现的拒贿好官，他当了宰相后政绩突出。这里只讲一个他拒腐的小事。《旧唐书·牛僧孺传》载，牛僧孺被派到鄂州主政。以往，江夏城的土性不黏，难以用来砌城墙，每年都要加筑，征收青茅草袋盛土加层。地方官吏借此巧取豪夺，年复一年地侵吞修城资财。牛僧孺到任后，计算以草袋修筑的费用为每年十余万贯。于是，牛僧孺改征土砖，用以抵偿应征的草袋修筑费。五年之后，城墙全部筑得如同井壁那样坚固，官吏们侵吞修城资财的事从此得以根绝。

廉洁的牛僧孺不仅自己清廉如玉，还善于和敢于向腐败开刀，可谓"为官一任，造福一方"。当然，牛僧孺是幸运的，他的拒贿行为，直接被皇上发现，他也被重用，相关的民众也因此而不再受贪吏的盘剥。今天的办案人员，要把发现、举荐拒贿的廉洁官员的责任担当起来，因为在查案过程中所发现的廉洁官员，往往事迹真实可信，完全可以作为各级党委和组织部门考核干部廉洁状况的一种重要补充手段。

"不敢纳贿"析

隋朝的重臣樊子盖,担任过好几个州的刺史、民部尚书（后避李世民讳改为户部尚书）、武威太守,在循州总管任上一干就是十年,廉洁履职,政绩突出,三次受到隋炀帝杨广的表彰。表彰他的诏书中有这样的句子："处脂膏不润其质,酌贪泉岂渝其性,故能治绩克彰,课最之首。"可见隋炀帝对其评价之高。所谓"贪泉",位于京师（今陕西西安）去岭南的水陆交通要道广州石门村。传说朝廷派往岭南为官之人多生贪念,都是因为路过石门村饮贪泉水所致。樊子盖任职的循州就是今天的惠州,属于广州下辖地区,想必樊子盖定会饮此泉水,因此诏书中才有"酌贪泉"一说。

樊子盖与隋炀帝的一段对话更为精彩。《隋书·樊子盖传》载,大业五年（609）,隋炀帝巡视武威,问樊子盖："人人都说你很清廉,真是这样吗？"樊子盖谢罪说："我怎敢自称清廉,只是小心谨慎不敢受贿罢了。"不敢就是害怕,不敢纳贿就是害怕纳贿,那么樊子盖究竟都害怕些什么呢？对于这个问题,史书中没有记载,我们不妨穿越回古代,从廉吏的角度探讨一番。

樊子盖最怕的首先应该是犯罪被弹劾,古时候苦读入仕,谋上一官半职谈何容易,可不能为了一点点的不义之财,一朝不慎丢了乌纱帽。其次是怕拿人手短,被下属瞧不起,失去上司应有的权威与尊严。《北史·儒林列传》载,北齐的黎阳郡守石曜就说过"吏人之物,一毫也不敢侵犯"。再次是怕自己犯了罪过,辱没了先人和父老乡亲。最后是怕被史官将自己的丑行记录下来,遗臭万年。雁过留声,人过留名,在青史上留个好名声,是从皇帝到小吏,都梦寐以求的。《旧唐书·长孙无忌传》载,许敬宗在唐高宗面前奏言长孙无忌谋反,应立即收捕。"帝泣曰:'我决不忍处分与罪,后代良史道我不能和其亲戚,使至于此。'"即唐高宗说:"我下不了决心处罚长孙无忌,因为文德皇后是长孙无忌之妹,后代的史官会把我不能与亲戚和睦相处的事,写入史书。"

以上四点,纯系粗浅分析,可能樊子盖"不敢纳贿"是自谦之说,所以不纳贿,是其秉性使然、严格自律的结果,并非怕这怕那所致。但不论如何,官员的心中能有所畏惧,有所不敢为,这无疑是件好事。

然而,如今那些贪腐的高官大员,收受贿赂,好像什么顾忌也没有,谁给的都要,给多少一律笑纳,任何东西照收不误。在金钱和物欲面前,我行我素,无法无天,无德无耻,且不东窗事发就永不停手。难道他们的心中就没有"害怕"两个字?应该还是有的,只是"害怕"的程度,比起古代廉吏来可能轻得多了,颇有股子"天不怕地不怕"的劲头。收受下属的财物,根本就不在乎人家在背后戳脊梁骨,反正自己晋升与否,底下的人说了不算;祖宗先人、父老乡亲,早被忘到一边去了,谁还在意他们的感受如何;至于史官写传作史,那更是猴年马月的事了,现在就考虑这件事纯属傻帽一个。唯一害怕的就是被发现、被惩处,仅此而已。就是这一点,在不少人那里也被大大打了折扣。贪官中颇为盛行的歪理邪说,就足以证明这一点。如官场环境就是这个样子,别人都这么干,我也不能闲着;我是老手,还是处级时就这么干,不但没被发现,官还越当越大,今后也不会出事;早有多本护照握在手,一旦暴露溜之大吉,异国他乡去"享福"。更有甚者,虔诚地迷信阴阳、风水、鬼神,认为这些东西能保佑其受贿稳稳当当、顺顺利利。人生天地间,必须有所害怕。按照哲学和心理学的观点,害怕是来自心里的恐惧,随着人的知识积累,才能使人认识到事物的可怕性,当然这种积累来自主客观两个方面。党的十八大以来,国内"打虎拍蝇"强势不减,国外追逃挖赃风头正盛,官员以权谋私的种种滥调得以澄清,浑浊的政商圈子受到切割,民众的监督生猛有力。在这种大的从政环境下,官员们必须大力加强自我修养,树立正确的人生观和世界观,打牢为人民服务的公仆意识,还要尽快植入一点害怕的心理,将不敢受贿作为自己为官处事的底线,在任何诱惑面前都要能把持得住,并以此作保障,向不想受贿的更高阶段过渡发展,一辈子甘当廉洁为民的好官。

吴隐之敢饮贪泉

"酌贪泉而觉爽，处涸辙以犹欢。"是唐初四杰之一的王勃《滕王阁序》中的佳句，意思是说即使喝了贪泉的水也觉得清爽可口，并不会滋生贪念；即使像鲋鱼处于水干了的车辙中，也还是高高兴兴。"贪泉"确实有。《太平寰宇记·岭南道一》载，地处广州的南海县，也就是番禺县，有"石门水，一名贪泉。源出南海县西三十里平地"。

"酌贪泉而觉爽"，赞颂的应该是晋代著名廉吏吴隐之。《晋书·吴隐之传》载："吴隐酌水以厉精，晋代良能，此焉为最。"

《吴隐之传》载，广州环围山海，出产珍品异物，一匣宝物，足够几代人的费用，但这里瘴疫流行，一般人将这里视为畏途。只有家境贫寒在内地无法自立的人，才求补此地长官，所以前后刺史皆多贪贿。朝廷打算革除岭南弊病，便任用吴隐之为龙骧将军、广州刺史、假节，兼平越中郎将。距广州20里有一个叫石门的地方，有水称为"贪泉"，据说喝了此泉水就会贪得无厌。吴隐之不信这个邪，到了这里，对亲人说："不见可以引起欲望的东西，使思心不被扰乱。越过五岭丧失廉洁,我知道其中的原因了。"他特意来到泉水所在处,舀取泉水喝,并赋诗明志:"古人云此水,一歃怀千金。试使夷齐饮,终当不易心。"即古人有言称此水,举杯一尝思千金。试让伯夷叔齐饮,始终不变廉洁心。待其到广州以后,依旧保持崇尚廉洁的品行,日常吃的不过是蔬菜和干鱼罢了,官备的帷帐、器用、服装,皆交给仓库。当时有人认为他是故意做作,然而他始终不改变自己的做法。元兴初年,晋安帝司马德宗下诏书:"吴隐之孝友过人,禄均九族,菲己洁素,俭愈鱼飧。夫处可欲之地,而能不改其操,飨惟错之富,而家人不易其服,革奢务啬,南域改观,朕有嘉焉。"

吴隐之一贯清廉,他还有两件事也很感人。一件是,冷冷清清为女儿办婚事。吴隐之早年曾任卫将军谢石的主簿。谢石为人贪婪无比,吴隐之却丝毫未受熏染。吴隐之的女儿将要出嫁,谢石派人送来各类物品,吴隐之坚决不要,让下人牵着狗去卖,得点资费为女儿办婚事,此外再无其他物件。另一件是,官越做越大,妻室子女没沾着一点光。吴隐之被调回朝廷任职,一家人乘船从番禺回来,船上没有装载多余的资财。他的妻子携带沉香一斤,吴隐之发现了,便投到水中去了。家里只有数亩小宅,篱笆墙倾斜败坏,有内外茅屋六间,室内以苇席作屏风,座位无衬垫。每月领取俸禄,除取部分留作自己日常花销外,其余的全部救济亲族,其家人搓麻纺纱以供日用。有时困难到极点,竟将一天的粮食匀成两天吃。

吴隐之所处的晋朝,可以说整个官场环境相当浑浊,贿赂公行、贪腐遍地,何曾父子日食万钱、石崇与王恺比阔斗富,都发生在那个时代。如前所述,官员贪腐又尤以广州地区为甚。广州是一块肥得流油的地方,掌权者只要随便"捞一把",便可大发横财。《南齐书·王琨传》中有一句话,对此形容得极其形象:"广州刺史但经城门一过,便得三千万。"而喝"贪泉"水之后,就会贪得无厌的说法,无非是为官员的贪腐找个由头罢了。在这种环境和条件下,吴隐之能够清廉自律,守住清贫,着实让人崇敬。看来真正的清廉之士,不管处在何种环境下,也不管手中有权还是无权,都不会改变其廉洁的操守。

也许有人会说,吴隐之的例子是个案,说明不了什么问题,官场环境一旦不好,贪官就会层出不穷,连好官也会变坏的,"禹入裸国亦裸而游"嘛。这不全对。作为个人,从当官那一天起,就应下定为人民服务的决心,把廉洁为官、不贪不占作为底线,而不论环境如何,坚定不移、不改初衷,抵制诱惑不破底线,像吴隐之那样"酌贪泉而觉爽"。当然,从党和组织的层面看,一定要治理和整顿官场环境,抓紧健全规章制度和法制建设,以消灭贪官得以滋生的土壤。还要高扬反贪腐的利剑,发现腐败官员及时从严惩处。但上述工作做得再好再到位,官员自己不想腐才是最重要的基础,基础不牢地动山摇。愿这样的好官日益多起来。

廉孟子妙语拒贿

却赠拒贿的最终目的,是要让送礼者将钱物拿回去,因此就要想方设法说服送礼者,并使其能受到教育,自觉打消送礼行贿的念头,这就要求话要说得诚恳、实心实意,理要摆得透彻、无可辩驳,一般情况下对方还是易于接受的。史上讲清送礼行贿危害性的,莫过于元初宰相廉希宪。

廉希宪自幼熟读经书,深通儒家之道,人称"廉孟子"。廉希宪一生清贫廉洁,为人刚正不阿,无论在哪里任职,随身之物只有一张琴和几箱书而已。

《元史·廉希宪传》载,廉希宪奉命镇抚刚刚归顺元朝的荆南地区,"时宋故官礼谒大府,必广致珍玩,希宪拒之,且语之曰:'汝等身仍故官,或不次迁擢,当念圣恩,尽力报效。今所馈者,若皆己物,我取之为非义;一或系官,事同盗窃;若敛于民,不为无罪。宜戒慎之。'皆感激谢去"。说的是,归顺元朝的宋朝官员,纷纷带着金银财宝去见廉希宪,廉希宪拒绝他们,他说:"你们仍担任原来的官职,有的还被破格提升,应当感念皇帝的恩典,尽力报效朝廷。你们送我的这些东西,如果是自己的，我收了便是不义；如果是公家的，你们拿来送礼，就是盗窃国财，我收了就是贪赃；如果是从老百姓那里搜刮来的，就要罪加一等了。"一席话说得送礼的人无地自容，都十分感激他，谢罪后离去。

廉希宪的话语之所以有力，一是摆正了自己与朝廷的关系。他认为自己是朝廷命官，虽代表皇上治理一方，有权任用、提拔官吏，但那都是在布施圣上的恩典，而非个人行为，被提拔任用的官员不应感谢自己，而是要加倍努力尽职尽责，报效朝廷和皇上才对。二是逐层分析了行贿的种种弊端。如官员用自己的钱财行贿，就会陷受贿者于不义；如拿公家的钱财来送礼，则等同于侵吞、盗窃国家资财，行贿者与受贿者必将同罪；如大肆盘剥百姓，用搜刮来的民脂民膏来送礼，更是罪上加罪了。如此语重心长的话语，怎能不使送礼者幡然悔悟？

应该说，廉希宪拒贿的话语，仍然适用于今日，值得领导干部们去效法。经常听到一些官员有这样的抱怨，时下送礼的人太多了，有的实在是没法拒绝，甚至有的贪官在法庭受审时，还称自己受贿是因为怕得罪人，无法拒绝他人的好意。这种托辞肯定是错误的，对于那些明显超出礼尚往来界限的送礼行贿，一个领导干部能否拒绝，关键在于政治素质的高低，有无廉洁从政的定力，但是也不能排除却赠拒贿能力上的差别等因素。看来提高领导干部的拒贿能力，也应列为干部素质教育的内容之一。送礼与收礼，行贿与受贿，都是违纪违法的行为。借鉴廉希宪拒贿的故事，无非是要讲清送礼行贿和收礼受贿的后果与危害，使送礼行贿者懂法明理望而却步。其实，历史上受贿者讲清受贿的危害，使行贿人终止自己行为的也不乏其人。春秋时期鲁国宰相公仪休，拒收他人所送的鱼时，就说过："因为我喜欢吃鱼，所以才不要你的鱼。现在我是宰相，我自己买得起鱼，如果我因为收了人家的鱼而被免了官，那么以后谁还能再给我鱼呢？所以我不能要。"三国时期东吴的华歆应诏要到朝廷去，宾朋好友及昔日同事都赶来相送，并赠送其数百金的巨额财物。华歆是来者不拒，暗中却在所收财物上做出记号。临行之日，华歆把那些财物全摆了出来，对送行者说："我接受的礼物太多了，考虑到我是单独远行，会因为携带贵重物品而招来贼人暗算，希望诸位替我考虑如何能保全我的性命。"宾客朋友们只好都收回各自赠送的礼物，更加佩服华歆高尚的品德。收了礼恐怕连官都做不成，连命都保不住，这么重的话都说出来了，人家还能再戴着坑你害你的帽子，死皮赖脸地强迫你收吗？看来，有了却赠拒贿的坚强定力后，还要会说却赠拒贿的话，这样才能收到好的效果。相信，当代的领导干部们说起却赠拒贿的话语来，定会精彩绝伦超过古人的。

不妨算个小九九

清朝人徐栋，官至工部主事，累迁郎中。徐栋勤于政务，专心吏治，认为"天下事莫不起于州县，州县治，则天下莫不治"，于是他汇集诸家之说，著《牧令书》二十三卷，作为官箴传世。近日读了该书卷八《屏恶》中的一段话，感慨颇多。

"务为清廉仁爱之官，勿作苟且贪污之事……时时警惕，刻刻提防，则不但现在之功名可保，将来之富贵无穷，论其制品，则君子之流，考其存心，又在仁人之列，何惧而不为？倘若阳奉阴违，希图鼠窃狗偷，品行心术俱不足言，遗父母以危，为子孙之累。两者相较，孰得孰失，无俟高明者决之矣。"

可以说，这一段劝导官员清廉勿贪的文字，虽只字未提社稷和民族大义，看似立足点不高，但从个人角度来揣摩，得失算计却是一清二楚，小九九打得明明白白，不能不让人心动。当廉洁仁爱之官，好处有二：一是功名可保；二是美名传后世，一言以蔽之，将会"富贵无穷"。做苟且贪污之吏，坏处有三：一是个人清誉会毁于一旦，现有的官位不保，甚至连性命也可能会丢掉；二是一旦获夷族之罪，父母、亲族也跟着一起遭殃；三是子孙将受累受害。为子孙遗留丰厚的财产，并不是好事、美事，古人早有明示："贤而多财，则损其志；愚而多财，则益其过。"

由此联想到现在的廉政教育，也要提倡大小道理一起讲，以求入心、入脑见诸行动，不妨也要领导干部们扪心自问，算算个人心中的小九九，是做一个廉洁自律的清官好，还是当一个腐败受贿的贪官好。好多单位都组织过干部参观监狱，听改造好的犯罪人员的忏悔，从犯罪的危害及后果来警示官员。"贪得再多，身陷囹圄，何用之有！"这恐怕是多数参观监狱的领导干部的直观感受。还可以读一读典籍中因贪得无厌，导致身败名裂、家破人亡的人物的传记。"二十四史"加上《清史稿》中，这类传记并不难找，可编辑成册，发给干部阅读。《史记·李斯列传》载，当李斯和他的儿子一起被押解到刑场，将要被腰斩的时候，李斯对儿子说："这时候我要是还想和你牵着黄狗，一起出上蔡东门去猎兔，还办得到吗？"说完父子俩相对痛哭。李斯是被冤杀的，但他此时此刻对往日自由生活的怀念，谁看了都会唏嘘不已，难以忘记。相信领导干部们通过认真算一算贪腐和廉洁的得与失，会自然而然地得出一个清晰的答案来。正像徐栋所说"无俟高明者决之矣"。

治县奇术

近日读《南齐书·傅琰传》，被傅琰祖孙四代都任过南朝县令，均廉正有才、忠于职守，堪称廉吏世家的事迹所深深感动。更被传记中描述的三个县令在一起探讨治县奇术的情节所吸引，很想写点文字，一吐为快，把这个故事讲给大家听。

先交代一下故事中的人物：傅翙，先为吴令，后为山阴令，有能名；其祖父傅僧祐，任山阴令，有能名；其父傅琰，为武康令，迁山阴令，又著能名。就是说，傅翙祖孙三人，都当过山阴令，均为能吏。孙廉，时为建康令。刘玄明，亦有吏能，历山阴、建康令，政常为天下第一。

早在傅僧祐、傅琰任山阴令时，因父子治县有方，"并著奇绩"，老百姓都口耳相传，说傅家有一本《理县谱》，只在自家世代相传，从不让外人知晓。傅翙当了吴县令后，为官仍有能名。一天，傅翙来到建康，看望县令孙廉。孙廉便向傅翙请教："听说你家长辈治理山阴县号称神明，有什么绝招？"傅翙答道："无他也，唯勤而清。清则宪纲自行，勤则事无不理。宪纲自行则吏不能欺，事自理则物无疑滞，欲不理，得乎？"

治理政务没有什么特别之处，唯勤与清而已。自己清白，处世才公正，法律的尊严才能得到维护。自己勤恳，就能了解下情，及时处理案件，矛盾才不致激化，境内就好治理了。为官若能清白廉洁、恪尽职守，事情就不会做不好。后来，傅翙发现先后任山阴令、建康令的刘玄明非常能干，待从刘玄明手上接任山阴令后，便问刘玄明，你这个前任要告诉我这个后任，如何当好一个县令。刘玄明却说："我有奇术，你家的《理县谱》里没有，等我走的那一天一定相告。"等到离别时，刘玄明一本正经地对傅翙说："作县令唯日食一升饭，而莫饮酒，此第一策也。"傅翙谨记此言，将其融入到祖传的治县秘诀之中，在好几个县令的岗位上，都干得十分出色，一直以廉吏能令著称。其子傅岐也官至县令。傅翙离职时全县老少皆出境相送，哭泣之声竟数十里不断。

笔者之所以特欣赏这个小故事，原因有三：一是廉吏能吏聚在一起，还能相互学习、取长补短实为难得。傅翙等人，已经身为能吏，偶尔碰到一起，还相互询问当好县令、治好县城的"奇术"，不问明白不罢休，一定要把人家的经验拿过来为我所用。这一点太值得今天的"县令"们去效法了。

二是治县经验简练短小、好懂易记、实在顶用，堪为一绝。无论是傅翙所讲的为官"唯勤而清"，还是刘玄明说的"唯日食一升饭而莫饮酒"，都是那么清晰形象。虽然"清慎勤"这三字官箴，早在晋代，司马昭就已讲过，甚至被奉为封建社会的第一官箴，傅翙这样接地气地对"清"与"勤"两字加以外延性解释，宣扬清廉和勤恳对于当好县令、统驭下属、保境安民的益处，认为为官者若既无清心又无勤政，则必不作为或乱作为，治政必腐败而松弛。傅翙的解释令人颇受启发，应该说比只简单提出"清慎勤"三个字，在可操作层面上，还是进了一大步的。刘玄明的每日只吃饭不饮酒的奇术，更是对如何长年累月坚持做到谨慎的最好诠释。

  三是廉吏能吏们人人心里都有浓浓的爱民情怀，这是最为关键的。傅家到底有没有《理县谱》，恐难弄清楚了。但傅翙所说治县的理念——"洁己清心，爱民勤政"，该是傅家如何当好县令祖传秘诀的核心所在。南宋胡太初编撰的论县令居官之道的《昼帘绪论》，据说就是以《理县谱》的思想核心为基础。看来，心中有老百姓，深深地爱着老百姓，一切工作的出发点和落脚点都是为了使老百姓得好处、得实惠，才是古今一辙、颠扑不破的治县奇术。

一心为民的王观

王观，三国时期曹魏政权的一名干将。陈寿在《三国志·王观传》中评价其"清劲贞白"，即高洁正直、忠诚清廉。王观曾担任过县令、尚书郎、协助廷尉审案的廷尉监，出任过太守、治书侍御史、尚书、河南尹。王观所到之处都治理得很好。

王观出任涿郡太守时，正赶上朝廷要各郡自报所属等级。从史料看，秦朝郡县是否分等，没有明确记载。汉代郡县则以辖区户口多寡来区分郡县大小，并根据郡内事务的繁简程度，确定其是否为剧郡，但好像也没有量化的标准。魏明帝曹叡即位后，准备按经济状况和社会秩序的情况，把全国的郡县分为剧、中、平三等，被评为剧等的郡县，在劳役赋税方面有所减免。为防止长官叛逃，朝廷要剧郡的太守送自己的儿子到京城做人质，并下诏让各郡县逐条陈述理由，然后给自己所辖郡县评定等级。涿郡的主管官员想把涿郡划为中或平，王观说："这个郡接近外族，经常有边寇之害，为什么不划为剧等？"主管官员说："如果把涿郡划为剧郡，恐怕您要把儿子送到京城做人质。"王观说:"夫君者,所以为民也。今郡在外剧,则于役条当有降差。岂可为太守之私而负一郡之民乎?"就是说,当官就是要为百姓着想。如今把涿郡划为剧郡,百姓的赋税就会减少。我怎能为了一己之私而有负于一郡的百姓呢?王观便上报涿郡为剧郡,然后把自己的儿子送到魏都邺城为人质。

　　王观处理其他政务,也处处为百姓着想,从不威逼欺压百姓,深得百姓拥戴。涿郡北边与鲜卑相接,经常受到侵扰,王观令边塞居民每十家以上建立营寨聚居在一起,并修建高大的瞭望台,以期既能及时发现敌情,又能集中力量战胜威胁。故土难离,人之常情,当时有的老百姓看不清利害,不愿意折腾。王观便派遣府中的办事官员,让他们回去帮助自己的亲属修建营垒和瞭望台,不规定期限,只是要求他们完成各自的任务就回来。老百姓一看官吏尚且如此,便争相模仿,互相勉励,仅仅十来天工夫,就将营垒和瞭望台全部按要求建成了。由于有了充分的准备,鲜卑人抢掠时无机可乘,涿郡治安状况迅速好转,人们得以安居乐业。

　　王观注重自身修养,清廉朴素,以节俭为下属作出表率。下属受他的影响,没有不自勉的。王观在家中去世前,留下遗言自己的墓穴只要能容下棺材就可以,不用器物陪葬,墓穴上不封土,不种树。

　　古人论述官民关系,一般强调的是民本思想,宣扬民为邦本。《说苑》载,管仲曰:"君人者以百姓为天。百姓与之则安,辅之则强,非之则危,背之则亡。"就是说,国君把百姓当作天。百姓拥护他,国家就会安定;百姓辅助他,国家就会强大;百姓反对他,国家就会危险;百姓背叛他,国家就会灭亡。做官一定要有民本思想，满足民众物质生活、精神生活的需求，是官员政绩的重要体现，同时也是官员道德品质的凸显。因为无德之官只为自己、为子女、为家人，他们很少会考虑民众物质财富是否富足，精神生活是否丰富。近年来沦为阶下囚的那些"老虎"，往往在捞得千万甚至上亿的钱财后，"送子欧美"以留后手，一旦他们认为时机"成熟"，自己也会溜出国门，"享福"去也。然而法网恢恢，即使早年得以外逃的贪官，在红色通缉令的震慑下，也一个一个被缉拿归案。在王观"送子入质"的行为面前，那些"送子欧美"且别有用心至今尚未被揭露出来的贪官，或许有些汗颜吧。愿所有的官员永远记住王观的话："夫君者，所以为民也。"也就是说，当官者，就要为老百姓办事。

实招频出为百姓

张瑾,清康熙十九年(1680)被任命为云南昆明知县。张瑾任职期间,时时处处为百姓着想,减免赋税,抵制上司蛮干,通河道,治洪涝,甚至借助判词来保护弱者。张瑾去世后,百姓画了他的像以资纪念,还请求在名宦祠中祭奠他。《清史稿·张瑾传》记述了他为百姓而出的件件实招。

一、废止民供县衙每日十金的旧制。《清史稿·张瑾传》载:"民旧供县公费日十金,瑾曰:'吾食禄于君,不食佣于民。'革之。总督曰:'陈仲子之廉,能理剧乎?'又问:'今家几何人?'对曰:'子一,客与仆各二。'睸之,信,皆惊异。自公费除而上之取给者亦减。"说的是,从前百姓每天要供给县里官员十两银子作为公费,张瑾说:"我吃君主的俸禄,不喝老百姓的血汗。"就革除了这一规定。总督说:"像陈仲子那样廉洁,能治理如此混乱的地方吗?"又问:"你家里现在几口人?"张瑾回答说:"一个儿子,门客和仆人各两个。"一打探,果真如此,人们都非常惊异。自从公费被免除以后,上司从该县索取东西的数量也减了下来。

总督所说的陈仲子，是战国时期齐国著名的思想家和隐士。陈仲子反对骄奢淫逸，提倡廉洁自律，因见其兄食禄优厚，以为不义，故避兄离母，又坚辞不受官，隐居于山中，终日为人担水浇园，以示"不入污君之朝，不食乱世之食"，最终因饥饿而死。总督的意思是说治理昆明这样一个混乱之地，没有必要像陈仲子那样廉洁。但张瑾却没听信那一套说辞，依旧洁身自好，清廉如玉。

二、鼓励民众开荒种地以增加收入。张瑾到任时，吴三桂叛乱刚被平定，从前隶属藩王府的军卫田，征收租税以年景好时为标准。叛乱被平定后，其规定应缴的巨大数额却被沿袭下来。加之官府的各种用具都从县里索要，所以昆明的劳役、赋税都很重，老百姓苦不堪言。张瑾向高官请示，减少该县的赋税，未获允许。张瑾便分块划定荒地，招募流亡的人开荒，供给他们耕牛和种子，除少量征收一部分补充军卫田不足的税收外，全部收入归开荒者。一年时间开垦田地1300多亩，三年共开垦了1万多亩田地。张瑾又均分了该县的劳役，使得以往频发的污吏利用派役之机，侵吞、掠夺民众财产的事都绝迹了。后来，负责边防事务的兵备道，想用流民所垦的田地来放马，向张瑾请求了整整一年，张瑾一直不答应，时间长了，兵备道也称赞他为民的情怀。

三、抵制上司的瞎指挥。昆明湖接纳四面山中泄下来的洪水，夏秋季节湖水暴涨，汹涌的洪水都进入闸河。如闸河内沙石堵塞，洪水就会溢出堤岸，淹没农田，每年都要耗费民力来疏通闸河。晋宁州与昆明县相邻，上司商议开凿沟渠把晋宁州的水也引到闸河。张瑾考察了地势，画了图，报告说："闸河单单接受昆明的洪水就已经不能容纳，沙石壅塞，水冲出堤岸造成危害，怎么还能接受晋宁州的水呢？何况这里地势太高，沙石又大又多，千万不能开凿。"上司坚持自己的意见，张瑾就指着地图争辩说："地势高低一眼就能看出，怎么忍心置老百姓于死地？"云贵总督范承勋说："您说的话很对。"引晋宁水入闸河之议得以终止。昆明县有止善、春登、利城各乡的田地，洼地高地错落不平，不是旱就是涝。张瑾查访发现附近有白沙、马衰、清水三条河流，可以用来蓄水和泄洪，但是河道已经湮塞。于是，张瑾率领百姓疏浚治理。过了三个月河流治好了，田地因此经常丰收。

四、恢复市场，活跃经济。昆明县城大小东门之外从前都是市场，平叛后成了废墟，盗贼藏身其中，时常扰乱治安。张瑾就建造房舍，安顿流亡的人，又把城中的骡马羊市场移置到那里。这样一来，市场活跃起来，人头攒动，盗贼也被吓跑了。

五、对凶犯敢于严惩，对弱者善于保护。张瑾刚到昆明时，县衙积压案子有上百件，他判决很迅速又很恰当，后来全省的疑难案件也总是交给他来处理，很多冤案都得以昭雪。将军的仆人杀了人，按察使摆下酒宴为其求情，张瑾假装答应，回来后照样将将军的仆人绳之以法。巡抚仆人的儿子阴谋夺取某士人已经聘定的女子，张瑾就让这个士人与女子在县衙大堂举行婚礼，并下判词说："法不得娶有夫之妇，妇乘我舆，婿乘我马，役送之归，有夺者治其罪。"即按法律，人们不得娶有夫之妇。妇人乘我的车，夫婿骑我的马，差役送他们回家，有敢夺人者，就治他的罪。当时有人作诗歌来歌颂张瑾。

张瑾的事迹说明，作为一个地方的主政者，要心中时刻装着老百姓，一招一式都要从民生出发，多出实招多做实事，让老百姓多得实惠多得好处，日子过得一天比一天舒坦。切不可好话、大话、空话说了一箩筐，优美词句接二连三，新鲜概念层出不穷，让人听了有时会心花怒放，有时又相当费解，可就是不出实招。须知，老百姓是最厌恶这一点的。有一说一，有二说二，尽量说大白话、大实话，说老百姓都能听得懂的话，并且说到做到，围绕民生频出实招，让老百姓的生活越来越红火。这应该成为当今地方各级主政者的最高追求。

清初三儒者谈为官之道

《清史稿》传记中有三位清初的儒者之传，他们虽都未能出仕为官，都是静下心来甘当一名学者，却都对如何为官有着自己的见解，其中的观点有交集，也有独到之处，今天读来仍觉得受益匪浅。

"空谈易，对境难。"《清史稿·史孝咸传》载：沈国模创建姚江书院，并担任主持，史孝咸继之后，也曾主持过该书院。史孝咸尝曰："'空谈易，对境难。于"居处恭，执事敬，与人忠"三语，精察而力行之，其庶几乎！'"史孝咸在这里提出了一个重要观点，为官者空口说说谈谈极易，而去面对一切事物与人，需要处理实际问题时是最难的。为此，他还指出了解决方法，那就是按孔子所说的去做。《论语》载：樊迟问仁。子曰："居处恭，执事敬，与人忠。虽之夷狄，不可弃也。"即樊迟问怎样实行仁德。孔子说：平日容貌态度要端庄，办事情要严肃认真，为别人做事要诚心实意。即使去到边远地区、后进部落，这几项也是不可丢弃的。

"为官不爱钱，致力于官守。"《清史稿·胡方传》载，

"(胡)方敦崇实行,处道学风气之末,独守坚确。总督吴兴祚闻其名,使召之,方走匿,不能得也。"即胡方讲求理学,教人以力行为主。总督吴兴祚欲召其为官,胡方坚决不应召。乡里子弟偶尔做出不道德的事,宁受鞭笞,也不愿让胡方知道,认为有愧于胡先生。远近慕名之人,以一见胡方为荣,见到后便说:"胡先生教诲我了。"胡方著有《周易本义注》《四子书注》《庄子注》《鸿桷堂诗文集》等。本传载:"有以荫得官,则大惭曰:'吾未能信,得无辱我夫子。'方告之曰:'为官能不爱钱,致力于官守,有何不可?'其人卒不负其言。"即曾有弟子,因父荫而得官,觉得羞愧,以为未能像老师那样坚决不出仕。胡方却开导他:"只要当官不贪钱,致力于忠于职守、履行职责,当官又何尝不可呢?"这位弟子始终没有违背其教导。晚唐诗人杜荀鹤在《送人宰吴县》诗中有两句:"字人无异术,至论不如清。"即为官者抚治百姓,没有什么特殊的办法,任何美好与高明的言论,都不如为官清正廉洁。为官者守住廉洁底线,自然就能收取"百里见秋毫"之效,也必能收取尽职尽责之效。

"不虚诳人一语。"朱鹤龄,明末清初学者,与顾炎武为好友。《清史稿·朱鹤龄传》载,"颖敏嗜学,尝笺注杜甫、李商隐诗,盛行于世",著述颇丰。"尝自谓'疾恶如仇,嗜古(好古)若渴,不妄受人一钱,不虚诳(欺蒙、欺骗)人一语'。"为官者在任何时候都要说真话说实话,这一点至关重要,这即是施政的底线,又是民众对为官者的起码要求。事实一再证明,人的真诚或虚伪是不可能隐蔽起来的;人如果失去了诚实,迟早会失去一切的。然而,从古至今,真正能够做到时时事事都不说假话，也不是件容易的事情。具有忠诚的品格，是不说假话的基础。坚持实话实说，还必须敢于承担责任，更不能唯上司马首是瞻，不管真话假话，专拣悦耳动听的话说给上司来听。无论何时何地何种情况下，为官者都应把"不虚诳人一语"当作对上对下都必须坚持的原则，对此不能有丝毫的含糊。

呵护百姓百分百

海南的崖州，早在南梁时就已设置，后几经变化，清代时曾为直隶州，民国初年被改为崖县，现为三亚市崖州区。清代康熙年间，这里出现了一个处处为百姓着想的好官——陶元淳。

康熙二十七年（1688），陶元淳考中进士，先被任命为广东昌化县知县，后到崖州任职，直到积劳成疾死在任上。老百姓纷纷勒石纪念陶元淳。从《清史稿·陶元淳传》中的记载看，他在任期间，先后干了五件实事。

一、厘定、简化税收徭役。陶元淳一到任，就重新丈量土地，制定鱼鳞图册，厘定赋税徭役，把各种实物田赋统一为上交稻米，把应服的徭役均摊到田赋上，减轻了加在百姓身上的其他各种杂税。百姓奔走相告，高兴万分，纷纷相互鼓励，以努力耕作为荣。昌化"城中居人，旧不满百家，至此户口渐蕃"。逃难民众回乡"复业者千余户"。

二、撤掉"土舍"方便黎人。昌化县隶属琼州，与黎人聚居区交界，过去官府曾设置所谓的"土舍"，以强化治安为由，限制黎人出入。有的官吏便趁机做坏事,欺负和勒索黎人。陶元淳到任后立即撤去"土舍",既方便了黎人的出行与生活,也便于黎、汉民众之间的交往。

三、步行乡里访贫问苦。"元淳时步行闾里间,周咨疾苦,煦妪如家人。"即陶元淳常常步行到乡间,详细询问百姓疾苦,亲切温暖如同家人一般。

四、惩贪除污决不手软。琼州地处偏远,军中将领大多骄横,尤以崖州为甚。陶元淳任崖州知州后,守备黄镇中无故以酷刑杀人,他的上司余虎放纵不管。余虎此人贪婪无比,经常要求黎人向其进献财物。因州县官无权干涉军务,陶元淳查访到他们的罪证后,列成条款向上级报告。虽然陶元淳反遭余虎等人的诬告,崖州官署还遭到上百守备甲士的持刀威胁,但最终黄镇中、余虎等将领还是被判定有罪入狱。崖州人都欢欣鼓舞,交口称赞:"虽有蛮横余虎,不敌陶公一怒。"

五、父子为继免除超赋。昌化县原来规定须缴税的额田有400多顷,但一半额田都被淹没于海中,而超额的田赋竟占到三分之一。因此,昌化县每年的赋税都凑缴不齐,百姓十分困窘。陶元淳对超额的田数做了丈量,专门写出《浮粮考》,多次向上级请示,请求免除向百姓超额征收的田赋,但无人理会此事。乾隆三年(1738),陶元淳的儿子陶正靖做了御史,把这件事报告给了朝廷,最后终于免除了这些超额的田赋。

陶元淳之所以能如此呵护百姓,为民众办了一件又一件好事实事,是因为其生活节俭、为政清廉。"元淳自奉俭约,在官惟日供韭一束。"余虎得知自己的罪行败露后,曾以重金向陶元淳行贿,遭到拒绝。然而,陶元淳却喜欢结交读书人,常常与他们讲学论道至深夜，从不知疲倦，深得琼州学子们的尊敬。陶元淳去世后，就是琼州百名学子扶柩过海，将他予以妥善安葬的。看来，为民还是为己，虽只有一字之差，结果却相距万里之遥，为官者只有心里满满地装着民众，一切为政举措都是为了民众，才能实实在在地为民众排忧解难，让老百姓得到一个又一个看得见、摸得着的大实惠。古往今来，概莫能外。

以"子惠黎元"为己任

龚鉴,是龚自珍曾祖父的哥哥,也就是龚自珍的曾伯祖父。雍正元年(1723),龚鉴被授予江苏甘泉知县,在任六年间,拒绝请托,廉洁为官,尤以"子惠黎元"为己任。所谓"子惠"即施以恩惠,"黎元"即黎民百姓,龚鉴以施恩惠于黎民百姓为己任,以致"甘泉令声闻天下"。

《清史稿·龚鉴传》记载了他"子惠黎元"的两件实事。

一是甘泉县境有邵伯湖、宝诸湖之水,这里地势低洼,经常受涝。湖西北一带地势隆起,又常遭旱。龚鉴实地勘查,走访老人,提出在农闲时,修筑和增高运河东西堤坝,同时密切观察河水上涨情况,随时泄洪。在堤上栽种桑树,既可护堤,又利养蚕,增加农民收入。

二是邵伯湖到扬州有芒稻河,一直河湖不分,从泰坝来的盐船都要从湖中经过,然后进入古运河出江,湖水水位的高低一直受芒稻闸的控制。芒稻闸属河道总督管辖,甘泉县无权过问。闸官贪图盐商的钱财,往往借口盐运的需要,听任大水淹没农田而不顾,不肯开闸泄洪。时值大水泛滥,山洪涌入邵伯埭，湖水暴涨，急需开芒稻闸泄洪。龚鉴赶往芒稻闸，请求闸官放水，而闸官以未奉上峰命令为由，拒不开闸。恰逢河道总督嵇曾筠因洪水泛滥到芒稻闸视察水情。龚鉴向嵇曾筠直言湖水上涨之害，嵇曾筠听后为之动容，大声斥责闸官，令他立即开闸放水。嵇曾筠还采纳了龚鉴的建议，立下一条规矩：盐船粮艘，过湖需水不过六尺，过即启闸，不得借口蓄水，危害民田。从此，甘泉县百姓再也不为芒稻闸是否开闸放水一事而犯愁了。

龚鉴的这两件事干得漂亮，让百姓直接受益得了实惠，兑现了"子惠黎元"的庄严承诺。他何以能做到如此？本传给出了答案。

一是"湛深经术""耻为俗吏"。龚鉴自幼熟读经书，竟能从中挑出先儒之误，著有《毛诗疏说》，重点阐述源于朱子的清初大儒李光地的学说。李光地是康熙年间理学名臣、吏部尚书、文渊阁大学士，著有《四书解》《朱子全书》，被雍正皇帝称为"一代完人"。龚鉴能写出专著，解释和发扬李光地的学说，可见其学识之渊博，因此龚鉴入仕时就立志"耻为俗吏""以子惠黎元、振兴文教为己任"。

二是三拒请托，"不近人情"。龚鉴刚上任，从前的某侍郎的儿子便前来谒见他，有私事相托，他"拒之"。与龚鉴同城的一位官吏跟一位大官很亲近，出于某种私心，让他属下的一位官吏以那位大官要挟龚鉴以请托，龚鉴"又拒之"。县里有位豪族大户请龚鉴宴饮，龚鉴"又拒之"。"于是大江南北盛传甘泉令不近人情。"西湖圣因寺的和尚明慧，依仗以前在朝廷举行法会时受到皇帝恩宠，到处请托求取私利。一天，他让人送去书信和钱币，欲同龚鉴拉近关系。龚鉴瞧也不瞧，径直叫衙役将来人"打出门去"。此事传到皇帝的耳朵里，雍正帝急召明慧回京，从此将明慧禁锢起来，不许出京，让他读经反省。"当事时，甘泉令声闻天下。"

三是"益自刻苦，无一长物"。甘泉本是从江都划分出来新设置的县，这里历来是富庶之乡，被官吏称为"脂膏之地"。龚鉴身为甘泉县令，如同东汉姑臧县令孔奋"置脂膏中，不能自润"，越发俭省自励，家中竟没有一件值钱的物件。他的父亲去世后，龚鉴回家料理后事，因贫"至无以葬"。河南巡抚尹会一，以前曾做过扬州的知府，素来与龚鉴关系很好，便请龚鉴来开封主持大梁书院。龚鉴这才得以用挣来的酬金，安葬父亲。

龚鉴"子惠黎元"，与今日落马的那些大小"老虎"，形成了巨大的反差。大小"老虎"们，一旦官帽到手，首先想到的是如何奢靡享受，如何先富起来，如何使家人鸡犬升天，如何捞得政绩一片，骗得上级好评，尽快高升。至于芸芸众生如何，则根本就不在其考虑的范围之内，如此这般直到折腾得身陷囹圄才告终止。望想干点事的公务人员，尤其是各级领导干部，都能以龚鉴"子惠黎元"为镜，反思自己的所作所为，发现有差距的就尽快赶上来，把为人民服务真正落实到履职的全过程，而不是光写在纸上、挂在墙上、喊在嘴上，就是不见行动。须知民众是最厌恶各地领导干部只玩虚的不干实事这一套的。

"蜀中四相"皆廉洁

值此电视剧《三国演义》热播之际,笔者也凑个热闹,不揣浅薄写点文字歪批三国。

自223年,刘备白帝城托孤,后主刘禅(阿斗)即位,诸葛亮建立丞相府处理军政要务,治理蜀汉政权开始,至263年蜀汉灭亡,历时40年,历经诸葛亮、蒋琬、费祎、姜维四位丞相。尽管诸葛亮之后,蜀汉王朝不设丞相一职,但蒋琬等三人先后任尚书令、大将军等职,尚书令在当时总揽一切政令,相当于丞相。诸葛亮等人执政时间长短不一,平均每人执政10年,确保了蜀汉政权于西南一隅长期延续,与强大的魏、吴政权抗衡,保证了蜀汉政局稳定、社会安定。蜀汉实现安定局面的因素很多,如政局的巩固,统治集团内部的团结,民众的拥戴支持,不同民族的同心协力,对敌攻防总体战略的正确,甚至有敌对营垒魏国吴国的失误,等等,但是,诸葛亮等四位丞相超凡的个人魅力,特别是廉洁自好的品格,不能不说是一个重要原因。正是:蜀中四相皆廉洁,助蜀苦撑四十载。诸葛亮等四人均廉洁如玉、洁白无瑕,赢得了官吏拥护、民众爱戴。甚至一段时间里,皇帝都受到抑制,不能无节制地花天酒地。据《三国志·董允传》记载,刘禅觉得宫中美女太少,想多选一些美女进宫,主管后宫的董允不同意,刘禅只好作罢。当然,蜀汉后期,董允死后,宦官黄皓当道,刘禅还是现出骄奢淫逸的本相,直至亡国,这是后话。皇帝尚且如此"节俭自律",大臣们自然就得更为收敛,老百姓虽然被连年北伐折腾得苦不堪言,但也没有怨言。蒋琬、费祎基本上没有带兵打过仗,更谈不上打胜仗了,姜维强于军事而对于内政就差得更多了。但这并没有影响他们的威信和形象,他们以清正廉洁照样赢得了官民的信任和拥护。整个蜀国基本上官民一心,以匡复汉室为己任,以超小财力、物力、人力苦苦支撑着,竟然延续长达近半个世纪。

从这一特殊视角审视这段历史现象,对于今天执政党的廉政建设,还是有益处的。

先说说诸葛亮。由于诸葛亮受到历代统治阶级的推崇,被尊为封建道德的楷模,受到人民群众的爱戴,被看作是智慧的化身,其中廉洁当然是他受到推崇的重要原因之一。这用不着多费笔墨,因为诸葛亮的名气太大,哪个中国人都能说出其二三事,他的高风亮节,已是灿烂的中华文明的组成部分。笔者这里只需节选《三国志·诸葛亮传》的一段文字即可。传记中说,诸葛亮曾向后主刘禅上表称:"我在成都家中有桑树八百棵,薄田十五顷,供给子弟衣食所需,还有富余。至于我在外任职,没有其他花费,衣食都是官府供给的,所以不再经营别的生计,积蓄私产。到我死的时候,一定不让家中或外地有多余的财产,以免辜负陛下的厚待。"等到诸葛亮死时，他家里的情况与他所说的完全一样。诸葛亮精于治国理民之道，其"鞠躬尽瘁，死而后已"的精神，开诚心、布公道的政风，赏罚严明、执法如山的作风，使得蜀国境内的人，对他又敬服又爱戴。陈寿在《诸葛亮传》中饱含深情地写道，诸葛亮病逝后，百姓们怀念他，把他的事迹作为谈话的资料。直到今天梁、益两州的百姓赞叹诸葛亮的话，仍然时时在耳旁回响。即使前人以《甘棠》诗咏诵召公，郑国人歌颂子产，也不能与当今的情况相提并论。孟轲说过："以宽松的办法来役使百姓，百姓纵然再劳苦也不会埋怨，为保证百姓生存而诛杀人，人即使被杀也没有怨恨。"果真是这个样子啊！有这样的廉相能臣，蜀国虽然弱小，在当时却足以让魏、吴两国不敢轻举妄动。蜀国牢牢掌握主动权，对中原攻防自如，国家自然稳如泰山。

其次说说诸葛亮的接班人蒋琬。蒋琬从公元234年执政，任蜀汉尚书令，到246年去世，前后执政12年，比诸葛亮执政时间还多一年。《三国志·蒋琬传》将他长于处理政事，以大局为重，而不追求表面形式，待人虚怀若谷，不计较个人恩怨等品质，反映得淋漓尽致。诸葛亮新亡，蜀国失去元帅，朝廷上下都危急恐惧。蒋琬才能品德出众，处于比同僚们更为重要的位置，他既无愁容，也无喜色，与平常完全一样，因此，他渐渐得到大家的信任，很快安定了人心，挽救了蜀汉王朝的一场危机。执政过程中有个别大臣对他不恭，甚至说他无能，他既不生气也不追究。如官吏杨敏诽谤蒋琬"做事糊涂，实在不如前人"。有人将此话报告蒋琬，请求蒋琬追究此事处理杨敏。蒋琬说："我确实不如前人，没什么可追究的。"后来杨敏因别的事情获罪，被关押在狱中，大家都担心他会被处死。可是蒋琬却丝毫不计较个人恩怨，公正处理，使杨敏免获重罪。蒋琬在政治上"承诸葛之成规，因循而不革"，维持了政局的安定；在军事上转攻为守，获得了难得的发展时机，保存了蜀汉国力。蒋琬还逐渐让渡一部分权力给诸葛亮指定的另外一位接班人费祎，使后来蒋、费之间的权力交接自然稳妥，保证了蜀汉政权的连续性和稳定性。可以说，蜀汉政权得以长期延续，蒋琬功不可没。

再来说说费祎。他与蒋琬及后来的姜维一样，都是在诸葛亮不断关注和精心培养下脱颖而出的。《三国志·费祎传》载，诸葛亮南征回成都，百官于城外数十里迎接，这些官员的年龄、职位大都在费祎之上，而诸葛亮特命费祎一人与自己同车进城，费祎身价由此大涨，从此百官对其都不敢小觑。之后，诸葛亮又屡次派他出使东吴，费祎不仅出色完成任务，还赢得了孙权"君天下淑德，必当股肱蜀朝"的美誉。"祎雅性谦素，家不积财。儿子皆令布衣素食，出入不从车骑，无异凡人。"也就是说，他和家人是很简朴的，他的家人走在路上和其他人没什么区别。蒋琬执政后期，费祎与其联合执政几年，之后费祎又独掌朝政7年，是四相中执政年头最少的。253年初，费祎与全体高级将领举行元旦聚会，费祎饮酒至醉，被投降的魏国官吏郭修当场杀死。后人虞喜曾写道，费祎性情温和，平易近人，对人从不猜忌，竟被降将郭修刺死。他的优点是廉洁简朴，祸端也是他过于简朴而疏于防范所致。费祎与蒋琬在执政方式方法、政绩成效上没有什么两样，继续维持了蜀国的稳定。

最后说说姜维。姜维原为魏将,诸葛亮初次北伐时将他收于帐下。诸葛亮特别赏识姜维,称其忠诚、勤于国家大业、考虑问题周全,可称得上是凉州的高明之士。诸葛亮对其予以特殊培养,让他训练军队,引他朝见皇上,对他委以重任,姜维很快就成了诸葛亮的军事接班人。在蒋琬、费祎执政时期,军事方面也主要依靠姜维,费祎死后姜维更是军、政一身兼,直至蜀亡,执政长达10年。虽然他九伐中原又未建立功名,但他一生志在灭魏兴蜀,直到邓艾打进成都,刘禅已经投降,他还诈降钟会以求消灭钟会,达到复兴蜀国的目的。结果事败身亡。后人称其"一颗赤心,千年栩栩如生"。晋朝孙盛在蜀亡国83年之后,到蜀故地访问父老,发现人们至今仍为姜维未能如愿以偿诛杀钟会、复兴蜀国而悲伤惋惜。这与他一生清廉有直接关系。《姜维传》称,姜维身负上将重任,位在文武百官之上,可是住宅简陋,除了薪俸外,家无余财,只有正妻,没有姬妾,衣服仅仅够穿,车马仅仅够用,饮食十分节制,既不奢侈,也不寒酸。政府发给他的生活费用,随发随用。他之所以如此,并不是为了要讽劝贪污者,砥砺世风,故意抑制自己的欲望,而是出自内心,认为这样已经满足,不需多求。像姜维这样好学不倦、清廉朴素,自是一代表率。正因为如此,姜维在极其困难情况下,维持蜀汉政权十多年,实属不易。蜀国亡国非其他原因,而是斗不过强敌,后世有人将此归咎于姜维,说他穷兵黩武,连年征战,这是不公平的。

蜀中四相为什么都廉洁,笔者觉得原因有四个:一是诸葛亮带了好头。对于蜀国来说,刘备之后,政局走向何方,结果是好是坏,诸葛亮无疑起着决定作用。他鞠躬尽瘁,事必躬亲，清廉俭朴，"抚百姓，示仪轨，约官职，从权制，开诚心，布公道"，"宫中府中俱为一体"，他无懈可击的政治才能、为政之道，令蜀国人顶礼膜拜，他的接班人照着学还唯恐学不好，自然也就不敢越雷池一步了。二是诸葛亮选人用人的标准严格。诸葛亮用人标准严格，甚至近乎苛刻，不仅要忠诚、有能力，人品也要出众，要谦虚谨慎、廉洁公道、虚怀若谷，等等。魏延纵有天大本事，但"脑有反骨"，人品不端，是不可能得到重用的。蒋琬、费祎都是诸葛亮钦点的接班人，在《出师表》中，都受到过盛赞：是善良诚实、忠贞纯正的人，是坚贞可靠、能够以死报国的忠臣。没有廉洁的品质，不可能得到这样高的赞誉。姜维更是从二十几岁就跟随诸葛亮，完全是按照诸葛亮的成才标准成长起来的，廉洁当然是其众多优秀品质之一。三是由蜀国特殊的国情所决定。国家小且贫穷、地处偏僻、人口少民族多、财力物力极其有限。在这种情况下，统治者想不廉洁都做不到，因为没有丰富的物质基础供他们奢侈腐化。这是导致四相皆廉洁的客观因素。四是由蜀国的核心任务与核心利益所决定。蜀国从它建立的那天起，就以讨灭汉贼、匡扶汉室为己任，天天备战，连年打仗，一直处在战争状态。先是征讨平抚南方孟获，其后就是诸葛亮六出岐山，姜维九伐中原，几乎每两年多就必打一大仗。可以想象，人民承受着多大的痛苦，儿子牺牲、粮食上缴，战端一开又惦念无比。四位丞相肩负国家大任，又要亲自出马带兵打仗，对人民疾苦感同身受，无论是否有廉洁品质，都要有所克制，这是履职所需，含糊不得，不然谁还会替你卖命，这也是人之常情。这远不像和平年代，物资丰富，又不需要百姓卖命，官与民的距离越拉越大，位高者搞起腐败来无所顾忌。

以上四条，绝对浅薄，但也值得回味，古今同理，应引起我们的认真思考。

要有一颗时时为百姓考虑的心

清朝人徐栋,官至工部主事、西安知府,勤于政务,专心吏治,认为"天下事莫不起于州县,州县治,则天下莫不治"。于是徐栋汇集诸家之说,著《牧令书》二十三卷,作为官箴传世。

《牧令书》卷八《屏恶》载:"夫居官者,刻刻有不容已于斯民之心,尚恐才力不到,机宜未协,未能有益于民。若并无此为民之一心,虽有长才异能,适以济其荣身肥家之巧计,更不必问其措施如何、结局如何矣。"说的是,为官者时时要有为百姓考虑的心,这样尚且唯恐自己能力不够,为民办事的条件不合宜,不能有利于百姓。如果没有这样时刻为百姓考虑的心,虽然有优异的才能,却正好利用这种才能去使自身荣耀、自家富足,这样就更不必问他如何去做,结局如何了。

这段话道出一个真理:为官者要是有一颗时时为百姓考虑的心,就会随时检讨自己为百姓做得好不好、够不够,随时改正错误,千方百计干好工作。否则,既无为民之心,又有才能,就会处处为名、为利、为自家,就会不择手段捞取钱财,当然，最后的结局也就可想而知了。那么，为官者如何才能做到始终有一颗时时为百姓考虑的心？

筑牢公仆意识。中国民主革命的先驱者孙中山曾把官员称作人民的公仆。毛泽东"为人民服务"五个大字，更是道出了人民的公仆和勤务员全部工作的终极目的。党员领导干部一定要将公仆意识扎根于头脑中，溶化在血液里，时刻谨记自己是人民的公仆和勤务员，绝不是可以高高在上脱离老百姓的官老爷。正确认识手中的权力，牢记一切权力都是人民赋予的，而人民赋予的权力，只能用来为人民服务，除此之外，党员领导干部没有任何权力。因此，在制定政策、决定事情时，既要搞清楚做什么，更要搞清楚"为了谁"，只有做到身为公仆不为官，才能时时心存百姓事。

强化爱民之心。《说苑》载，武王问于太公曰："治国之道若何？"太公对曰："治国之道，爱民而已。"自古以来，善于治国的人对待百姓，就像父母对待自己的孩子、兄长爱护自己的弟弟一样。习近平早年在一篇文章中曾写道："古往今来，许多有作为的'官'都以关心百姓疾苦为己任。从范仲淹的'先天下之忧而忧，后天下之乐而乐'，到郑板桥的'些小吾曹州县吏，一枝一叶总关情'；从杜甫的'安得广厦千万间，大庇天下寒士俱欢颜'，到于谦的'但愿苍生俱饱暖，不辞辛苦出山林'，都充分说明心无百姓莫为'官'。"为官者要有一颗恻隐之心，关心百姓疾苦，同情百姓遭遇，不遗余力地为百姓做好事、办实事，让百姓过上安稳和谐的生活。"改革先锋"孔繁森有句名言："一个人爱的最高境界是爱别人，一个共产党员爱的最高境界是爱人民。"他任西藏阿里地委书记期间，跑遍了全地区106个乡中的98个，行程达8万多公里，与藏族群众结下了深厚友谊，被称为"新时期的雷锋""90年代的焦裕禄"。

提倡细节意识。古人云："天下大事，必作于细。"周恩来总理一贯提倡注重细节，他自己就是关注小事、成就大事的典范。心中装着百姓，时时考虑百姓，就要从身边小事做起，从细节抓起。细节决定成败，为人民办事的目标要细，要求要细，责任要细，措施要细。大力克服华而不实的作风，改变随意性、粗放性的作风，更不能喊着为民办事的响亮口号，抓住一两个有所成效的典型事例，对那些大量尚未落实的措施和工作就视而不见了，以点带面、以偏概全、大吹特吹，登报上镜忙得不亦乐乎，须知民众对整景作秀、不干实事的行为是最有意见的。"改革先锋"马善祥，从事基层调解和群众思想工作30年，总结出"民为本、义致和"六字经，遵循"情、理、法、事"等十三要则，老马"三十六策"等一整套"老马工作法"，成功化解数十起重大矛盾纠纷，调解成功率达98%以上。马善祥的精细作风，非常值得当今的为官者去学习效法。一定要把群众的衣食住行、脱贫致富、安危冷暖随时挂在心上，以"天下大事必做于细"的态度，真心诚意地为人民群众办实事、做好事、解难事。要抓实做细事关群众切身利益的每项具体工作，切实做到办实每件事，赢得万人心。

为官不可一刻偷安

清代袁守定《图民录》中有一段话，感人至深："人官一方，则受一方之寄，必为民出力，自强不已，而后不为民病。若好逸怀安，案牍冗塌，则宅门以外守候而待命者不知凡几矣。张子韶（南宋人张九成，字子韶）佥书镇军判官，尝书壁曰：'此身苟一日之闲，百姓罹无涯之苦。'窃谓一刻偷安，百姓受一刻之累，何待一日也！"袁守定引用张九成的名言，又进一步阐释了张九成的观点，大声疾呼：官员一时一刻也不能图安逸不办事，一时一刻也不能让百姓遭受懒政之苦。

"一人劳而万人逸"（引自明代庄元臣《叔苴子内篇》），这是古时良吏的普遍愿望。唐代诗人杜荀鹤《自叙》中的两句诗："宁为宇宙闲吟客，怕作乾坤窃禄人。"就是这种美好愿望的典型写照。能够实现这种愿望的良吏就更多了。晋代太尉陶侃，勤于政务，事无大小，都要亲自过问。信函往来，都要亲自动笔，有人来访也不厌其烦地亲自接待。他常说："大禹是个圣人，尚爱惜光阴，至于我们就得更加爱惜光阴了，岂能耽于享乐，荒于醉酒，生无益于这个社会，死无闻于后人。"部下有因空谈、喝酒、赌博而误事的，他常为之恼怒，命人将酒器、赌具全部扔进大江，对为首的将领和官吏，更是予以严厉处罚。唐代宰相岑文本，在唐太宗东征时，受命掌管军中的粮草、器械、文书簿录等。他夙兴夜寐，勤勉不怠，亲自料理调配粮草，计算用的筹码、书写用的纸笔从不离手。

良吏们之所以如此勤勉敬业，与他们修身治国、忠君爱民的情怀密不可分，当然也有良吏能够换位思考、将心比心，因此更加自觉地勤政为民。元代张养浩《牧民忠告》中有句话："凡民疾苦，皆如己疾苦也，虽欲因仍，可得乎？"即凡是民众的疾苦都像是自己的疾苦一样，即使想苟且偷安，可能吗？不仅良吏们如此，就连圣明的皇帝也是相当勤勉。吴晗《朱元璋传》载，朱元璋，每天天不亮就起床办公批文，一直到深夜，没有休息，没有假期。朱元璋遗诏称"朕'忧危积心，日勤不怠，务有益于民'"。说到底，良吏们，包括皇帝勤政，直接或是间接受益的，最终还是黎民百姓。

新中国的开国元勋们，更是为我们做出了好榜样。周恩来总理每天的工作时间都要超过 12 小时，有时工作时间在 16 小时以上，一生都如此。他白天忙于开会、接待外宾，有时连吃午饭的时间都没有，只好带些简单的食物在驱车途中用餐。深夜，他回到自己的办公室，处理大量文件、研究重大问题的时候，电话仍接连不断。外国人称其为"全天候周恩来"。越南胡志明曾对他提出个人的唯一请求："请为了中国人民和世界人民的利益，每天多睡两小时。"周恩来如此实践着党为人民服务的宗旨，其优秀的品格，永远值得后人去学习与效法。

为官若偷安，百姓必受累。这就是结论，从古至今，概莫能外。凡人民公仆，不论职务高低、官衔大小，都肩负重任，哪能容得半点懈怠。庸政、懒政、散政、慢政，都是要不得的。推诿扯皮，无所作为，在其位不谋其政，该办的事不办，凡事能躲就躲，能避就避，能推就推，得过且过，动辄以"研究研究""须向上级请示""需要再耐心等待"等为由，将心急如焚、急需解决困难的民众推至门外，自己却落得个悠闲自在，轻松愉悦。应该说，这也是腐败的一种表现形式，称之为亚腐败实不为过。这种亚腐败不但损害人民群众的利益，还极大地败坏党和政府的形象，必须加以整治。对那些有品德问题，不给好处不办事的，坚决予以查处；对那些确属能力问题，根本就办不成事的，或调离，或通过培训教育，提升其能力水平，使其尽快适应工作的需要。总之，不能让歪才、庸才、懒汉占着位子不干事，专门来给老百姓添堵。愿一心为公、一心为民、勤勉尽责、忠于职守、勇于担当、真抓实干，且又雷厉风行、行动迅速、办事利索，成为当今所有官员的办事风格与自觉行动。

为官应务求着实

宋代吕本中《官箴》载:"当官处事,但务着实。如涂擦文书,追改日月,重易押字,万一败露,得罪反重,亦非所以养诚心事君不欺之道也。百种奸伪,不如一实;反覆变诈,不如慎始;防人疑众,不如自慎;智数周密,不如省事,不易之道。"即当官做事,应当务实。像涂改文书、更改日期、重新变更画押之类的事情,万一败露,罪行反而加重,也不是忠诚不欺瞒君主的为官之道。各种奸诈虚伪,不如一个"实"字;反复多变、诡诈,不如从一开始就小心谨慎;防范怀疑别人,不如自己谨慎;智谋周密,不如简省事情,这是不可改变的道理。

应该说,这段话既告诫人们,做官处事要扎扎实实,不要弄虚作假,否则贻害无穷;更告诫人们,只有在头脑中破除种种错误观念,才能心甘情愿、心悦诚服地做个老实的官、实在的官,才不至于演变和堕落成为官场上的"两面人"。

纵使思虑周密,甚至颇有点对下糊弄、对上欺骗的所谓本事,不如为官实实在在。说实话、报实情,是对为官者的基本要求。恰恰在这一点上，有些人就是做不到。《宋史·鲁宗道传》载，鲁宗道任左谕德（即教育太子的官）时，有一次到店铺中喝酒，恰巧宋真宗急召他入宫，使者到鲁宗道家等了很久，鲁宗道才从店铺回来。使者先行回宫，约定说："如果皇上怪罪你来晚了，你用什么理由回答？"鲁宗道说："你只管说实话。"使者说："这样你会获罪的。"鲁宗道说："饮酒，人之常情；欺君，臣子之大罪也。"宋真宗果真问鲁宗道为何晚来，使者把鲁宗道所说的话告诉了皇上。皇帝问鲁宗道，他道歉说："有老朋友从乡里来，我家贫穷得没有杯盘，所以到店铺去喝。"皇帝认为他诚实可以重用，并把这个意见告诉了太后。宋真宗死后太后临朝，鲁宗道得到了重用，直至死后还被赠为兵部尚书。

事后再能弄巧诡辩，不如重视慎独。慎独，在独处中谨慎处事，老实做人，诚实做事，这是个人修养的最高境界。为官者应特别看重这一点。从任职的那天起，就严于律己，扎实干事，在私底下、无人时、细微处，也能慎独，始终心存敬畏，脑有戒尺，以"诸葛一生唯谨慎"自勉自励。

防范群众躲避监督，不如做好自己。为官者决不能把功夫下在如何伪装自己，如何避开媒体和大众的眼睛上，而不在把握自己、真诚做事上下苦功夫。把握自己最根本的是要出实招、办实事、求实效，让治下的民众有实实在在的幸福感、安全感和获得感。全国优秀县委书记廖俊波，任政和县委书记时，扑下身子苦干实干，"能在现场就不在会场""出了问题我担着""不是在基层就是在去往基层的路上"，全心全意奋斗不息。他在生命的最后45天，有22个晚上在开会，14个晚上外出招商，最近的一次招商3天跑了4个省，去了6家公司拜访……他带领政和县人民建起了第一个工业园、第一个电商产业孵化园、第一个市民广场，政和县域经济发展指数上升幅度在全省范围内最大，连续三年被评为"全省县域经济发展十佳""全国电商百佳县"。廖俊波的同事对他的印象是：忠诚、厚道、靠得住。人民群众称他是"新版的焦裕禄"。习近平总书记作出重要指示，要求广大党员、干部向廖俊波同志学习。

党员领导干部要自觉加强品德修养，坚持在任何情况下，做官处事都保持扎实、实在的本色，同形形色色的弄虚作假行为决裂，更不去当"装得很正、藏得很深"的政治上的"两面人"，任劳任怨、尽心尽责、扑下身子、真抓实干、不忘初心、勇于担当、廉洁奉公，把党的方针政策，不折不扣地落实到基层和群众中去，真心实意为人民造福。

刘昆不搞顺杆爬

　　喜欢在上司面前表现自己，且又爱顺情说好话，俗称"顺杆爬"，不管真话假话，专拣悦耳动听的话来说，是有些下属面对上司时易犯的通病。东汉初年的刘昆，却反其道而行之，实话实说，更不唯上司脸色马首是瞻。

　　刘昆在江陵当县令时，县城发生了一场大火，虽说在刘昆的指挥下不少人前去救火，可火情依然没得到有效控制。实在没办法，刘昆索性跪到地上给上天磕头，正巧这时下起大雨，浇灭了大火。弘农郡虎患严重，给百姓生活带来许多不便。刘昆被提拔为弘农太守后，施行仁政，改善民生，让人称奇的是，老虎竟然离开了弘农地界。后来刘昆升任光禄勋，刘秀在朝堂上问刘昆："你究竟实行了什么样的德政，才导致这样的好事发生？"刘昆竟答："偶然耳。"朝廷大员们都讥笑不止。刘秀大怒道："这有什么好笑的，难道你们不懂得，刘昆所说的才是有德行的长者之言吗？"刘秀马上下令让刘昆教授太子。按常理讲，刘昆炫耀一下自己的政绩，或吹捧一下皇帝，称全是皇恩浩荡所致，都是可以理解的。然而他却实话实说，真是难能可贵。

刘昆的事迹对后世影响很大。《魏书·高祐传》载：北魏孝文帝元宏（原名拓跋宏），问秘书监高祐止盗之方，高祐说："昔宋钧（刘昆，字宋钧）树德，害兽不过其乡；卓茂善教，蝗虫不入其境。彼盗贼者，人也，苟训之有方，宁不易息。当须宰守贞良，则盗止矣。"即孝文帝问高祐防止奸盗的方法，高祐说："过去宋钧树德，害人之兽都不到他的治域来；卓茂善于教化，蝗虫都不入其境。盗贼是人，如果我们训教有方，哪有不容易停息的呢。我以为让宰守们做到忠诚善良、忠正诚信，那奸盗就会止息。"当然，这是从刘昆以德从政、清廉为民的角度出发，其实他实话实说不"顺杆爬"，更是高风亮节，永远值得人们去效法。

在现实生活中，尤其是在宫场上，惯于搞"顺杆爬"的应声虫，也是存在的。为什么这种人无论领导说得正确与否，都一个劲地"顺杆爬"，说尽附和、吹捧之类的鬼话呢？他们是想迅速又不费力气地博得领导的赏识与认可，以求日后从上级那里捞取不尽的好处。这种"顺杆爬"的庸俗作风，有悖于党实事求是的思想路线和工作原则，是十分有害的。领导干部应谨防被"顺杆爬"的人钻空子，决不能因为他们"看起来顺眼，听起来悦耳"，而丧失应有的判断力，导致用错人办错事。

领导者有什么样的耳朵，就会听到什么样的话语。欲杜绝官场上"顺杆爬"的陋习，固然需要人们有敢讲真话、敢讲实话的勇气,更需要领导者能广开言路,愿意听不同意见,甚至反面意见,不给"顺杆爬"、拍马屁的人留有市场。这样,一个从领导到下属,人人都讲真话、实话,个个争先献计献策,有民主有集中的良好政治氛围必然会呈现出来。

张咏助人不受谢

"一日一钱,千日千钱;绳锯木断,水滴石穿。"这句话,大家都比较熟悉,它是宋初的大臣张咏所办案件的判词。张咏任知县时,发现一个管钱的小吏偷了一枚钱,藏在头巾里带出库房,于是张咏命令衙役杖打那名小吏。小吏不服,嚷道:"我不过偷了一文钱,你竟打我,还能杀了我不成?"张咏当即写下上述判词,写完拔剑杀了那名小吏,然后向上级写报告自劾。

张咏曾任湖北崇阳县知县,后来长期治蜀,政绩突出,升至御史中丞、礼部尚书,死后赠左仆射,谥号"忠定"。宋仁宗时期,有人甚至将他与赵普、寇准并列,称三人为宋兴以来功劳最大的三位名臣。

张咏最突出的品格,是他帮助别人之后,拒绝别人的酬谢。宋景德年间,边境许多郡县遭受侵扰,民众苦不堪言,而朝廷派来的军队却迟迟不能平息祸乱。当时,李居正以小官的身份治理一个镇,他招募壮丁,奋力打击侵扰郡县之人,并深入到他们的巢穴，夺回了被掠去的男女老幼，使他们安全地回到自己的家中。人们都感激李居正。张咏将这件事秘密奏报给皇帝。宋真宗大为喜悦，立即将李居正升迁为阁门祗候（官职名，从八品）。李居正不知缘由，有人便告诉他张咏上奏的事。李居正想拜见张咏，没有获准，便给看门的人送了礼物，将榜帖传入。张咏在纸帖上批写道："你处理财物时廉洁，面临敌阵时勇猛，处理事情时勤勉，面临民众时施惠。再加上严谨敬畏，这是报效国家的大丈夫本色。你来谢我却是为了个人，不必相见。"李居正虽没有得到张咏的接见，却将张咏的赠言当作座右铭，铭记终生。

张咏之所以能如此，从《宋史·张咏传》记载看，主要有三个原因：首先是其性格使然。张咏不但助人不言谢，生平还最不喜欢宾客向他跪拜，有客人来时，总是叫人先行通知客人免拜。如果客人仍是向他跪拜，张咏便大发脾气，或者向客人跪拜不止，连磕几十个头，令客人狼狈不堪，或是对客人破口大骂。

其次是其为国为民情怀所致。张咏无论在哪里任职，都大刀阔斧、兴利除弊、移风易俗、为民谋利，留下了许多脍炙人口的故事。如任崇阳县令时，崇阳县城外土地肥沃却没有水利设施，稍有干旱，禾苗多被旱死。张咏认真察看河流、田亩地势的高低，认为可以建蓄水池，灌溉农田，于是凿山引水灌溉水田数百顷，后来再没有干旱之忧。老百姓万分感谢张咏，为他建立生祠加以祭祀。张咏回复李居正的纸帖中有一句话"所谢近私"，这句话正反映了张咏推荐李居正完全是为国荐才，不存在私人情感，当然也就无须接受来自私下的酬谢。

最后是其一生"读典坟以自律"的必然结果。这里的"典坟"，指的是各种古代典籍。张咏尝谓友人曰："张咏幸生明时，读典坟以自律，不尔，则为何人邪！"大意是，我张咏幸好生在太平无事的盛世了，所以才读圣贤书来约束自己，不然的话，就不知自己会成为什么样的人了。张咏从小就刻苦读书，他出生在贫寒之家，幼时家里买不起书，只好到有书的人家恳求借阅，借到之后再抄下来苦读。没有书桌，他就在院子里背靠着大树的树干读，一篇文章读不完，决不进屋歇息。后来张咏当了官，既不购置田产也不沉湎酒色，他的俸禄几乎都用来买书，藏书有近万卷之多。时人称他"不事产业聚典籍"。晚年的张咏"力学求之，于今不倦"，他在《缉书斋》一诗中写道："伊余世上耽书客，古今万事罗胸臆。"这正是他捧卷苦读深思的境况的生动写照。

张咏助人不受谢的精神，着实令人敬佩。应该说，这是助人为乐的最高境界。眼下无论是在官场上，还是在社会中，有的人如若做了好事帮助了他人，往往急于在第一时间让受帮助者知道，以求得到酬谢，或是争取日后得到酬谢，而不是甘当无名好人，更不是以"帮助他人，快乐自己"为终极目的，这种情况十分常见。尤其是个别组织人事部门的人员，往往为预提对象通风报信，表白自己为其如何卖力，以博得这些人的好感直至捞取贿赂，对最后没能提拔的对象，也竭尽讨好之能，把责任都推给领导或组织，撇清自己，把自己打扮得像活菩萨一样。这种歪风必须得到纠正。助人为乐本是我国的传统美德，赠人玫瑰，手留余香。帮助了别人，别人得到了快乐，自己也因为别人的快乐，而颇有一种幸福的感觉。为什么偏偏要向受帮助者买好呢？望有这种一旦助人就忙于买好的人，好好学学张咏的做法吧。

以德感人力无穷

王烈，在《三国志》中有一段话说到他。《三国志·管宁传》结尾处载："王烈者，字彦方，于时名闻在原、宁之右。辞公孙度长史，高贾自秽。太祖命为丞相掾，征事未至，卒于海表。"由于此处记载过简，人们对王烈还无从了解。但裴松之在注中着实将王烈表扬了一番，比《后汉书·王烈传》的内容都多，让人们认识了以德感召人的鲜活的王烈。

王烈，少时拜颍川人陈寔为师，与陈寔的两个儿子陈纪、陈谌结为朋友。当时颍川一些名士，如荀爽、贾伟节、李膺和韩元长都跟随陈寔学习，亦都佩服王烈的德行，都与他交情很深，因此王烈的美名传播到很远的地方。王烈"道成德立，还归旧庐"，遇到灾年，饥民遍地，便拿出家里存的全部粮食，以赈济百姓。王烈不仅自己以读典籍为乐事，还兴办学校，以育人为己任，"诲之以道，使之从善远恶"，使其家乡的风化大变，人们出行讲究礼让，争着抢着做善事。有个盗牛者被主人抓住，盗牛者向牛主人认罪，说："我一时被迷惑，从今以后，一定努力改过。你既已赦免了我，千万不要让王烈知道这件事。"王烈听说后派人去看望盗牛者，还送给他半匹布。有人问这是为什么，王烈说："过去，秦穆公走失了一匹骏马，被岐山脚下的众多农民捉得一起吃了。官吏追捕到那些食马的人，想按照法律来处置他们。秦穆公说：'不要因为畜生而杀人。我听说吃马肉而不喝酒，会伤及身体。'于是便赐酒给他们饮。后来秦穆公攻打晋国被围困，那些吃马肉者拿着锐利的武器以死相救，使秦穆公得以擒获晋侯班师回国。今日的盗牛人怕我知道他的过错，说明他有羞耻之心。'知耻恶，则善心将生'，我这样做正是为了促使他改过向善。"后来有个老汉在路上丢了一把剑，一个过路人见到后就守候在剑旁，一直守到傍晚老汉回来寻剑。老汉找回遗失的剑后，惊奇地询问那个人的姓名，并说也好将这件事告诉王烈。那位过路人却不留姓名走了。王烈派人查访后才知道，原来守剑人就是那个盗牛的人。王烈感叹道："韶乐九成，虞宝以和；人能有感，乃至于斯也。"韶乐为虞舜时的乐章，虞宝是尧的儿子，被视为不肖子孙的代表。这句话的意思是，虞舜时的美妙乐章演奏了九次，即使是笨拙的人也能跟着应和；人居然能被感化到这个地步啊。王烈让人将那位守剑人的事迹宣扬开来。当地人发生诉讼纠纷，有了争端都要去找王烈评理，但很多人行至半途或刚到王烈家门前就自行和解并折返回去，为的是不要让王烈知道他们之间还发生过争端。当时朝廷要起用王烈，被其拒绝。后因董卓作乱，王烈迁徙到辽东避难，仍不改其乐，在那里耕种、钻研典籍、教诲民众。当地的人都像尊敬国君那样尊敬王烈。王烈曾当过辽东太守公孙度的长史，他任长史时辽东的强者不敢欺负弱者，没有人以众凌寡，亦没有商人抬高价格牟取暴利。后来曹操多番征召王烈任官，王烈以自是商贾之身为由，辞而不就。汉朝的商人叫贾人，地位低下，所谓"贾人不得衣丝乘车，不得仕宦为吏"，甚至连穿鞋戴帽都与常人有所不同。《史记·平准书》载："天下已平，高祖乃令贾人不得衣丝乘车，重租税以困辱之。孝惠、高后时……市井之子孙亦不得仕宦为吏。"《太平御览》卷六百九十七载："《晋令》曰：士卒、百工履色无过绿青白，婢履色无过红青，市侩卖者皆当着巾帖，额题所侩卖者及姓名，一足着黑履，一足着白履。"王烈不愿入仕为官，故意以此为托辞而已。王烈 78 岁时在辽东病逝。

　　王烈以德感人，其效果胜过一切别的手段，包括各种惩罚措施。用今天的话来讲，这或许就是以德育人吧。王烈的威力还在于，人们做了好事，都想让他知道，而做了坏事却唯恐让他知道，使自己颜面全无。这就是所谓人格道德的魅力。有位大师曾说过，以德感人，犹如鸾凤飞鸣，百鸟慕其高雅，乐而从之。以权势压服人的，犹如虎狼出行，百兽畏其凶恶，远而避之。同样是为了使别人顺从，两种方法却有着天壤之别。然而，以德感人是有前提条件的，那就是自身要做得好，行得正，光靠嘴皮子上的功夫，说教得再委婉动听也没用。搞一次特殊，就降低一分威信；破一次规矩，就留下一个污点；谋一次私利，就失去一片人心。读《王烈传》，最大的启示是，不论你官当得有多大，学问有多深，首先要做好人，做道德的模范。不要老是让社会上那些"卑贱者"去充当道德模范，好像道德模范就该是这类人当，与官员无关似的。要形成官员争做道德模范的氛围。官员具有高尚的道德操守，包括廉洁自律、甘当公仆、恪尽职守、勤奋敬业、秉公办事、勇于担当、善则称人、过则称己，这样自然就会具有以德感人的巨大威力。在众多这样的官员引领下，社会才会逐渐重新筑起道德的篱笆，以德治国才能成为可能，依法治国才能有扎实的基础，顺利向前推进。